Las ofrendas
materiales y
el mover actual
del Señor

La Palabra Santa para el Avivamiento Matutino

Witness Lee

Living Stream Ministry
Anaheim, CA • www.lsm.org

Primera edición: febrero de 1999.

ISBN 978-0-7363-0562-4

Traducido del inglés
Título original: *Holy Word for Morning Revival—*
Material Offerings and the Lord's Move Today
(Spanish Translation)

Publicado por
Living Stream Ministry
2431 W. La Palma Avenue, Anaheim, CA 92801 U.S.A.
P. O. Box 2121, Anaheim, CA 92814 U.S.A.

Impreso en los Estados Unidos de América

07 08 09 10 11 12 / 10 9 8 7 6 5 4 3

Contenido

Prefacio

1. Este libro se publica como una herramienta para los santos, a fin de que les ayude a desarrollar el hábito de pasar un tiempo diario de avivamiento matutino con el Señor en Su palabra. Al mismo tiempo, provee un repaso completo del entrenamiento del invierno de 1998, que se trata del estudio de cristalización de la Epístola a los Hebreos. Al tener los creyentes un contacto íntimo con el Señor en Su palabra, la vida y la verdad serán forjadas en su ser, y así serán equipados para profetizar en las reuniones de la iglesia a fin de edificar el Cuerpo de Cristo.

2. El contenido de este libro fue tomado del texto de la Versión Recobro del Nuevo Testamento, selecciones de los escritos de Watchman Nee y de Witness Lee, y de *Himnos,* todos los cuales son publicados por Living Stream Ministry.

3. El libro se divide en semanas. En cada semana se presenta seis porciones diarias, un himno y espacio para notas personales. Cada porción diaria abarca un punto principal y empieza con una sección titulada "Alimento matutino". Esta sección contiene versículos seleccionados que provee un rico alimento espiritual que se recibe al tener comunión íntima con el Señor. El "Alimento matutino" es seguido por una sección titulada "Lectura para hoy", una porción del ministerio, relacionado con el punto principal del día respectivo. La porción de cada día concluye con una lista breve de referencias para lectura adicional y se provee espacio para que los santos escriban diariamente notas cortas de su inspiración, iluminación y disfrute espirituales, a fin de servir como recordatorio de lo que recibieron del Señor ese día.

4. Al final de cada semana se provee un espacio en el cual pueden componer una pequeña profecía, la cual puede componerse el último día de la semana, al juntar todas las notas, la "cosecha", de las inspiraciones de las seis mañanas previas, a fin de compartirla en la reunión de

la iglesia el día del Señor para la edificación orgánica del Cuerpo de Cristo.

5. Las referencias y las anotaciones al texto de la Versión Recobro del Nuevo Testamento fueron escritas por Witness Lee. Las demás referencias citadas en esta publicación fueron escritas por Watchman Nee y Witness Lee.

Tema general:

**LAS OFRENDAS MATERIALES Y
EL MOVER ACTUAL DEL SEÑOR**

Alimento matutino

1 Ts. Porque ellos mismos cuentan de vosotros cómo
1:9   fue nuestra entrada entre vosotros, y cómo os
      volvisteis de los ídolos a Dios, para servir al Dios
      vivo y verdadero.
Mt.   Bienaventurados los pobres en espíritu, porque
5:3   de ellos es el reino de los cielos.

Lectura para hoy

Los cinco puntos [que mencionaremos a continuación] guardan relación con la actitud que el creyente debe tener hacia el dinero, según se presenta en el Nuevo Testamento. Esta es la manera en que resolvemos el asunto de las riquezas, lo cual debe ser absoluta. Al comienzo de la senda cristiana uno debe liberarse de las riquezas. Debemos despojarnos de las riquezas.

En primer lugar, la Biblia considera las riquezas como un ídolo y siempre las presenta en oposición a Dios. En realidad, no hay ateos en este mundo. La Biblia no considera a los que no son creyentes como seguidores de otras religiones; en efecto, presenta dos categorías de personas: los que sirven a Dios y los que sirven a las riquezas. Religiones, como el budismo, el mahometismo, el taoísmo, etc., son falsas. En realidad, sólo hay dos objetos de adoración: las riquezas y Dios. Por lo tanto, las riquezas representan un ídolo, ya que son un objeto de adoración que nos aparta de Dios. Es imposible que un creyente ore y lea la Biblia y también se postre y queme incienso ante Kuanin (una diosa budista). A lo mínimo un creyente debe apartarse de los ídolos y servir al Dios vivo (1 Ts. 1:9). Todos estamos de acuerdo en que tenemos que derribar todos los ídolos. Sin embargo, no consideramos las riquezas como algo maligno. Este es un grave error. Debemos entender claramente que no podemos adorar ídolos y no debemos adorar las riquezas. No podemos servirle a Dios y a las riquezas. Las riquezas son un ídolo.

No debemos decirles a las personas que deben ofrendar sus riquezas porque necesitamos edificar salones de reunión o porque debemos cooperar con la obra o cuidar a los necesitados. No debemos rebajar el significado de la consagración al nivel de satisfacer las necesidades, ya que eso minimizaría su verdadero significado. Debemos despojarnos de nuestras riquezas no por las necesidades que surjan, sino porque son un ídolo. Tal vez alguien diga que no quiere ofrendar dinero para edificar salones de reunión y que tampoco quiere cuidar de los hermanos y hermanas que están en necesidad. Las riquezas no son un asunto de ser ricos y pobres, sino de idolatría ... Debemos ver que las riquezas están diametralmente opuestas a Dios. No debemos decirles a las personas que renuncien a la idolatría de las riquezas porque nosotros estamos escasos de fondos. Si hiciéramos esto, ellos podrían deducir que pueden adorar las riquezas cuando no nos haga falta el dinero. Debemos despojarnos de este ídolo porque es el enemigo de Dios. Si es inconcebible que un cristiano permanezca en el templo de Dagón, también lo es que permanezca en los hogares de los creyentes el ídolo de las riquezas. Reiteramos que no estamos hablando de ser ricos o pobres; nos referimos a que la idolatría de las riquezas debe ser eliminada.

Debemos mostrarles a los creyentes que las riquezas son un ídolo que exige adoración y que nos aparta de Dios. Es imprescindible que nos deshagamos de ellas. La Biblia no dice que todos los pobres son bienaventurados, sino los que son pobres en espíritu. Ser pobre en espíritu significa ser pobre de manera voluntaria. Los mendigos no son pobres en espíritu, pues incluso los que no tienen dinero pueden adorarlo en sus corazones. Las riquezas verdaderamente usurpan la adoración del hombre. Debemos examinar a fondo este asunto. Las riquezas son un ídolo, y los creyentes deben despojarse de esta idolatría de manera cabal. Esto es un asunto importante. (*The Collected Works of Watchman Nee*, [Recopilación de obras de Watchman Nee, tomo 59, págs. 71-72, 65-66)

Lectura adicional: The Collected Works of Watchman Nee, tomo 59, cap. 8

Iluminación e inspiración: _____

Alimento matutino

Lc. ¡Cuán difícil les es entrar en el reino de Dios a
18:24b los que tienen riquezas!
  25 Porque más fácil le es a un camello pasar por el
ojo de una aguja, que a un rico entrar en el reino
de Dios.

Lectura para hoy

En segundo lugar, despojarnos de la idolatría a las
riquezas es parte de nuestra salvación. Debemos mostrarles a los hermanos y hermanas que según el Nuevo Testamento, las riquezas son un ídolo del cual debemos ser
librados, ya que esta liberación forma parte de nuestra
salvación. Es como ser liberados del pecado, del mundo y
de la carne. Muchos saben que para ser salvos, tenemos
que ser librados del pecado, del castigo de Dios y de las
ataduras del mundo, pero pocos saben que la salvación
también incluye ser librados de las riquezas. En Lucas 18
y 19, vemos tres asuntos que se relacionan entre sí: la vida
eterna, el reino de los cielos y la salvación. Estos también
guardan relación con las riquezas. Primero, el joven gobernante quería heredar la vida eterna. El Señor le dijo que
vendiera todo lo que tenía y que lo siguiera. Después el
Señor habló acerca de cuán difícil es para un rico entrar
en el reino de Dios. ¡Le es más fácil a un camello entrar
por el ojo de una aguja, que a un rico entrar en el reino de
Dios! Luego continuó diciendo que los que han dejado
casas, mujeres, o hijos por el reino recibirán mucho más
en esta era y la vida eterna en el siglo venidero. Para
entrar en el reino de Dios debemos dejar todo lo que
tenemos. Esto propició la salvación de Pedro. Si queremos
evitarnos el trabajo que pasaría un camello en pasar por
el ojo de una aguja, debemos dejar todo lo que tenemos a
fin de entrar en el reino de los cielos. En tercer lugar,
vemos que Zaqueo dio la mitad de sus bienes a los pobres,
y el Señor le declaró que la salvación había venido a su

casa. Por consiguiente, para que un hombre reciba la vida eterna, el reino y la salvación, éste necesita ser librado de las riquezas y vender todo lo que tiene.

No es que estemos llevando a cabo una campaña para recaudar fondos, sino que queremos ayudar a otros a recibir la vida eterna, a entrar en el reino y a ser salvos. Si les preguntáramos, muchos afirmarían que desean el reino, la vida eterna y la salvación. Sin embargo, si les preguntásemos si quieren ser librados de las riquezas, contestarían que no. Un hermano de una denominación vino a una de nuestras reuniones y le comentó a mi hermano Hwai-zhu: "Ustedes llevan a cabo una buena obra de recaudar fondos aquí en la calle Hardoon". Mi hermano le preguntó por qué le interesaba tanto la consagración de los santos. El respondió: "Quisiera observar un poco más para aprender de ustedes. Si sus métodos son eficaces, haremos lo mismo en nuestra denominación". Este hombre sólo se fijó en cómo era ofrendado el dinero, pero no vio cómo enseñarles a los hombres a ser librados de sus riquezas.

Cuando Pedro escuchó que el Señor dijo que era más fácil que un camello entrara por el ojo de una aguja, que un rico al reino de Dios, el preguntó: "¿Quién, pues, podrá ser salvo?" El se había olvidado que él mismo era un camello, y que como tal, ya había pasado por el ojo de una aguja. También olvidaba los otros once camellos que habían hecho lo mismo. Aunque no hay nada más difícil que la salvación de un rico, lo que es imposible para el hombre, es posible para Dios. El rico joven gobernante se retiró; él no era un pecador ni un hombre malvado, sino agradable y piadoso, pero no fue salvo. (*The Collected Works of Watchman Nee,* tomo 59, págs. 67-68)

Lectura adicional: The Collected Works of Watchman Nee, tomo 59, cap. 8

Iluminación e inspiración: _____
_____
_____
_____
_____

Alimento matutino

Lc.   Entonces Zaqueo, puesto en pie, dijo al Señor: He
19:8   aquí, Señor, la mitad de mis bienes doy a los po-
       bres; y si en algo he defraudado a alguno, se lo
       devuelvo cuadruplicado.
Fil.   Y sabéis también vosotros, oh filipenses, que al
4:15, 17 comienzo del evangelio, cuando partí de Macedo-
       nia, ninguna iglesia participó conmigo en razón
       de dar y recibir, sino vosotros solos. No es que
       busque dádivas, sino que busco fruto que aumente
       en vuestra cuenta.

Lectura para hoy

Zaqueo también era un hombre rico. Aunque era esclavo de las riquezas, fue salvo. Al subir y bajar del árbol fue
cambiado. Su salvación lo hizo pobre. El joven gobernante
es un ejemplo de lo que es "imposible para los hombres",
y Zaqueo es un ejemplo de lo que es "posible para Dios".
Una persona experimenta gozo cuando sus pecados son
perdonados. Y puede experimentar el mismo gozo al ser
librado de las riquezas. Cuando una persona cree en el
Señor, encuentra paz en su corazón. Cuando ya las riquezas no ocupan su corazón, siente la misma paz. La impartición de la vida eterna es realizada por Dios así como la
liberación de las riquezas. Dios también efectúa el perdón
de los pecados, la impartición de la vida eterna y la liberación de las riquezas. Pedro preguntó: "¿Quién, pues,
podrá ser salvo?" El Señor le pudo haber contestado: "¡Zaqueo!" Cuando Dios hace Su obra en nosotros, ya no somos
como camellos; al contrario, somos salvos de las riquezas.
Nuestra salvación incluye ser salvos de las riquezas. Nunca debemos ignorar que este asunto se encuentra dentro
de la esfera de nuestra salvación.
En tercer lugar, debemos aprender a ser ricos delante
del Señor. El quiere que lo vendamos todos, pero no quiere
que seamos pobres. Su deseo es que aprendamos a ser ricos

en El. Los cristianos somos gente rica, pero esto depende de nuestra posición [espiritual]. En el 1926 ó 1927 escuché decir a un pastor: "...Aunque un creyente no debe ser opulento, por lo menos debe tener dinero". En realidad, la Biblia dice que Dios quiere que seamos ricos delante de El y pobres para el mundo. Sólo las personas que son pobres en la tierra pueden ser ricas para Dios. Cuando se nos pide que vendamos todo lo que tenemos, no se nos está pidiendo que gastemos todo nuestro dinero, sino que lo transfiramos del banco terrenal al banco celestial. Se nos pide que lo depositemos en otro lugar. Vender todo lo que tenemos equivale a transferirlo y depositarlo en los cielos. Pero algunos cristianos pueden ser insensatos. Cuando Dios nos pregunta: "¿Crees que es seguro guardar tu dinero en el Banco de Shanghai? Contestamos afirmativamente. Cuando Dios nos pregunta: "¿Confías en el banco celestial?" Contestamos que no. No depositamos nuestro dinero en el banco celestial porque los intereses son más altos allí. Dios no nos atrae con intereses. Nuestro Padre, quien es rico, es capaz de pagarnos cien dólares por cada dólar que depositemos. El interés del banco celestial es de diez mil por ciento. Tenemos una ganancia de diez mil por ciento. En la actualidad sería increíble encontrar un banco que dé intereses al tres por ciento por cada depósito. Sin embargo, Dios nos pregunta si tenemos fe. El ofrece una ganancia de diez mil por ciento. Nosotros invertimos en bancos terrenales, pero ¿seríamos capaces de invertir en el banco eterno de Dios? ¿Depositaríamos nuestro dinero en una cuenta celestial? ¡Estamos aquí para servir a Dios! Si vemos esto, nos entregaremos totalmente para esto. Antes dábamos todo por las riquezas; ése era nuestro servicio. Ahora debemos entregarle todo a Dios y servirle a El. Debemos ser ricos en El. (*The Collected Works of Watchman Nee,* tomo 59, págs. 68-69)

Lectura adicional: The Collected Works of Watchman Nee, tomo 59, cap. 8

Iluminación e inspiración: _____

_____

_____

_____

Alimento matutino

Hch.	**Y vendían sus propiedades y sus bienes, y lo repar-**
2:45	**tían a todos según la necesidad de cada uno.**
2 Co.	**Como está escrito: "Al que recogió mucho, no le**
8:15	**sobró, y al que poco, no le faltó".**

Lectura para hoy

En cuarto lugar, en los evangelios el Señor resolvió el asunto de las riquezas, al ordenar que se repartieran a los pobres. Cuando vino el día de Pentecostés, "los pobres" se refería a los que estaban en la iglesia, la familia de la fe. Cuando los creyentes quieren venderlo todo, deben poner el dinero en manos de los ancianos y los apóstoles, en lugar de darlo directamente a los pobres. Por un lado, debemos dar nuestras riquezas a los pobres que están fuera de la iglesia, pero por otro, también lo debemos dar a los que están en la iglesia. Cuando tomamos cuidado de los pobres que no son creyentes somos beneficiados, puesto que nuestro corazón se ensancha. En la actualidad tenemos la iglesia, y existen dos ventajas en la práctica de dar en la iglesia. Primero, el dador llega a ser un hombre que se libra de las riquezas. Segundo, los receptores son hermanos y hermanas en la fe. El Señor dijo que vendiéramos todo para que no estuviésemos atados a las riquezas. El quería que le sirviéramos a El ... Los creyentes no deben acumular riquezas. Estas deben considerarse como una serpiente venenosa, y no pequeños insectos. Debemos sacudirnos de encima las riquezas, tal como Pablo se sacudió la víbora. Es por nuestro propio bien que vendemos todo lo que tenemos.

Los doce apóstoles vendieron todo lo que tenían y se despojaron de todo. En Pentecostés, Pedro no dio un mensaje acerca de dar todo lo que uno tiene, pero cuando las tres mil personas vieron a que los doce habían vendido todo, hicieron lo mismo. En Hechos 4, se añadieron otros cinco mil y cuando éstos vieron que los otros tres mil lo habían vendido todo, hicieron lo mismo. Cada generación sigue el ejemplo de la generación anterior. Los cinco mil siguieron el ejemplo de los tres mil; éstos, el ejemplo de los doce, quienes siguieron el ejemplo de Cristo. Lo que vemos es más convincente que lo que escuchamos. Cuando las personas vienen a la iglesia, queremos que ellos vean amor y unidad, pero también deben ver que lo hemos vendido todo. Si no tenemos la norma adecuada, la siguiente generación no tendrá un patrón que seguir. Si queremos que la próxima generación sea algo, nosotros debemos serlo primero. Nosotros somos el recobro, y tenemos una responsabilidad. Escojamos de manera voluntaria el ser pobres.

Quinto, debemos establecer y mantener la práctica de que "Al que recogió mucho, no le sobró" (2 Co. 8:15). Después de que hayamos entregado todo, poco a poco recibiremos nuevas posesiones. No esperamos recoger mucho cuando cosechemos, simplemente lo entregamos todo. Sin embargo, es un hecho que recibiremos mucho. ¿Qué debemos hacer al respecto? Los capítulos ocho y nueve de 2 Corintios vienen después de Hechos 2 y 4. En 2 Corintios, vemos que al que recogió mucho, no le sobró. No estamos hablando de si la persona lo vendió todo, sino de lo que hizo después de haberlo vendido todo. Tenemos que despojarnos de todo por lo menos una vez, pero a medida que recibimos nuevas cosas, debemos despojarnos otra vez. A medida que Dios nos bendice y aumenta nuestra ganancia, debemos ciertamente ofrecer más. A los que reciben en abundancia, no les debe sobrar. Cuanto más estricta sea la persona en cuanto a las riquezas, más rápido las vuelve a recibir. Un hermano comentó: "Nunca podremos superar a Dios en Su obra" ... Sin importar cuanto recibimos, Dios quiere que nunca nos sobre. Debemos resolver este asunto de manera absoluta. Debemos ofrecer nuestro dinero de manera continua delante del Señor. (*The Collected Works of Watchman Nee,* tomo 59, págs. 69-71)

Lectura adicional: The Collected Works of Watchman Nee, tomo 59, cap. 8

Iluminación e inspiración: _____

_____

_____

_____

Alimento matutino

Ex. Y Jehová dio gracia al pueblo delante de los egip-
12:36 cios, y les dieron cuanto pedían; así despojaron a
      los egipcios.

Col. Haced morir, pues, vuestros miembros terrenales:
3:5 fornicación, impureza, pasiones, malos deseos y
      avaricia, que es idolatría;

Lectura para hoy

Cuando los israelitas salieron de Egipto se llevaron todo
el dinero consigo (Ex. 12:36). Cuando cruzaron el mar Rojo,
todavía llevaban el dinero. El dinero que se había quedado
en Egipto, por mucho o poco que fuera, ya no les servía. Sólo
los que habían cruzado el mar Rojo podían usar el dinero de
la manera apropiada, con el fin de edificar el tabernáculo.
Primero la persona debe ser liberada. En segundo lugar, el
dinero tiene que ser liberado. Y tercero, se debe edificar el
tabernáculo ... El pecado de adorar el becerro de oro tiene
que ser expuesto primero, y la persona tiene que ser librada
del mismo, antes de que la cuestión del oro se pueda resolver
... El oro debió haber sido ofrecido para el tabernáculo. Pero
debido a la idolatría, el oro fue usado para forjar el becerro.
Por consiguiente, la adoración al becerro no sólo era un
pecado, sino también una pérdida en cuanto al tabernáculo.
Se trataba del mismo oro. Si se daba para el becerro, era un
error y tenía que ser pulverizado. Por el contrario, cuando
se dedicaba al tabernáculo, se le daba el uso correcto. El
mismo material puede ser dedicado a dos objetos diferentes.
Uno era un ídolo, el otro era el tabernáculo. En el Nuevo
Testamento ... la idolatría está ligada a la avaricia (Col. 3:5).
Cuando somos librados de la idolatría, también somos librados del dinero. (*The Resumption of Watchman Nee's Ministry*
[La reanudación del ministerio de Watchman Nee], tomo 1,
págs. 291-292)

    Todas las cosas fueron creadas por Dios. Dios es la única
fuente de todas las cosas y está por encima de ellas. Cuando

los hombres vean esto, deben ser movidos a adorar a Dios ...
"Todas las cosas" son diversas y complicadas, pero Satanás
quiere unificarlas. Sin embargo, no existe la manera de
hacerlo. Por ejemplo, una silla y una mesa no pueden ser
unidas para formar un solo objeto. ¿Se podría juntar a un
adulto con un niño, una maleta, una barra de oro y un
terreno, para formar una sola cosa? No, esto no es posible.
Pero si todo eso se cambia por dinero, sí se puede. Si no se
pudieran unir todas las cosas, los negociantes no podrían
llevar cuentas. Con tantas cosas, ¿cómo uno puede determinar su valor? El dinero es la única manera de evaluar
todas las cosas. Con dinero, un terreno deja de ser un
pedazo de tierra. Igual pasa con el arroz. Cuando sumamos
todas las cosas, obtenemos una suma de dinero. Finalmen-
te, en Apocalipsis 18 dice que hasta el alma, puede evaluar-
se en dinero. Cuando un hombre vende su tiempo para
trabajar para otros, está vendiendo su alma. Por ejemplo,
si yo contrato un obrero, llego a un acuerdo con él cuánto
le voy a pagar para que trabaje ocho horas. Esto equivale
a comprar su alma. El dinero puede comprar el alma, puede
comprarlo todo. Dios creó la tierra, pero el hombre la
dividió en terrenos y le puso un precio a cada uno ... Dios
creó todas las cosas en seis días. ¿Puede deteminar el valor
de todas las cosas? Existen muchas cosas, en diversas
formas y colores. Sin embargo, Satanás las ha simplificado
y unido bajo el dinero. Por esta razón al dinero en chino se
le llama: "bienes comunes".

Si una persona verdaderamente desea servir al Señor,
debe ser librada del dinero. Cuando una persona se centra
en el dinero, no puede servir a Dios. No es aceptable que el
hombre tenga una perspectiva monetaria, sino que debe
verlo todo desde el punto de vista de Dios. (*The Resumption
of Watchman Nee's Ministry*, tomo 2, págs. 500-501)

*Lectura adicional: The Resumption of Watchman Nee's
Ministry*, tomo 2, cap. 65, págs. 499-501

Iluminación e inspiración: _____
_____
_____
_____

Alimento matutino

Mt. 22:21b **Entonces les dijo: Devolved, pues, a César lo que es de César, y a Dios lo que es de Dios.**

1 Ti. 6:10 **Porque raíz de todos los males es el amor al dinero, el cual persiguiendo algunos, se extraviaron de la fe, y fueron traspasados de muchos dolores.**

Lectura para hoy

Satanás reduce todas las cosas a una sola categoría, a saber, el dinero. No existe nada en este mundo que no pueda comprarse con dinero. Si una persona tiene dinero, todo está a su disposición ... Todas las cosas fueron creadas por Dios, menos el dinero, el cual procede de César. Cuando le preguntaron a Cristo si se debía pagar tributo, El les pidió que le enseñaran una moneda, y luego contestó: "Devolved a César lo que es de César" (Mt. 22:21). El no sacó dinero de su bolsillo, si lo hubiese hecho, podrían haber dicho que El también tenía a César en el bolsillo.

Cuando obtenemos a Dios, lo tenemos todo. De igual modo, cuando Satanás se apodera del dinero, lo tiene todo. El dinero es poderoso; lo puede comprar todo. Para comprar madera, piedras o cualquier otra cosa que nos guste, necesitamos riquezas. De esta forma, las riquezas llegan a ser el poder y el centro de la adoración del hombre. ¿A quién adorará el hombre, a Dios o a las riquezas? Esta es la más grande controversia del universo. La adoración a Dios está a un lado, y al otro está la adoración a las riquezas. Las riquezas están diametralmente opuestas a Dios. ¿Cómo es que las riquezas pueden resistir a Dios? Esto se debe a que lo único que puede unir las cosas es el dinero. La avaricia no sólo es la raíz de todo mal (1 Ti. 6:10), sino que es lo mismo que la idolatría. Las riquezas son un ídolo. La Biblia declara que la avaricia y la idolatría pertenecen a la misma clase de pecado (Ef. 5:5). Si una persona es salva y no resuelve el asunto del dinero de una forma clara, no ha sido completamente salva. Si una persona conserva sus ídolos de madera y de piedras en su casa, ¿acaso la recibiríamos para bautizarla? No obstante, muchos no han resuelto el asunto del dinero después de haber sido salvos. Decimos que la India es un país idólatra, que en él existen más ídolos que gente. Pero el número de personas que adoran las riquezas excede el número de personas que adoran ídolos. Desde Asia hasta Africa, desde los científicos hasta las personas supersticiosas, todos aman las riquezas. Las riquezas son el objeto de adoración más común. Dios quiere ganarnos, y las riquezas también quieren ganarnos. A menos de que los hijos de Dios sean librados del poder de las riquezas, no podrán tener un testimonio apropiado ni podrán ser cristianos adecuados. Si uno trata de mantener las dos cosas, no podrá servir bien al Señor. ¿Por qué el Señor le exigió tanto al joven gobernante al pedirle que vendiera todo lo que tenía? Aquel joven era muy bueno y guardaba la ley. Pero el Señor le dijo que le faltaba lo más importante, y ello tenía que ver con las riquezas (Lc. 18:18-23).

En la historia eclesiástica, la iglesia moravia era un grupo que tenía la misión más prevaleciente. Su fundador, el Conde Zinzendorf, le entregó todas sus posesiones al Señor ... Unas décadas después, siete ingleses fueron a China para predicar el evangelio. Ellos eran conocidos como los Siete de Cambridge. Entre ellos estaba C. T. Studd, quien había sido un campeón de criquet. El había recibido una herencia equivalente a 1.2 millones de dólares, y lo había ofrendado todo. Cuando él le dijo al consulado inglés que iba para la China, el cónsul general se quedó asombrado de su consagración y no aceptó la solicitud. Después de una semana, el señor Studd seguía firme en su decisión. Dios utilizó al señor Studd grandemente debido a que él había sido librado de las riquezas. (*The Resumption of Watchman Nee's Ministry,* tomo 2, págs. 396-3991)

Lectura adicional: The Resumption of Watchman Nee's Ministry, tomo 2, cap. 54, págs. 395-399

Iluminación e inspiración: _____
_____
_____
_____

Himnos, #186

1 ¿No le has visto y conocido?
   ¿Te prendió el corazón?
   Entre diez mil señalado,
   Hazlo hoy tu elección.

   Cautivado en Su belleza,
   Constreñido por Su amor,
   Coronado el Rey de gloria
   Ríndele tu corazón.

2 Idolos te cautivaron,
   Bellos a la percepción,
   Enchapados al pecado,
   Para hurtar tu corazón.

3 ¿Qué desvaneció el encanto
   Que esos ídolos formó?
   No el sentido de lo justo
   Sino el ver Su gran valor.

4 No los ídolos quebrados
   Con vacío y dolor,
   Sino el brillo de Su gloria
   Y el mirar Su corazón.

5 ¿Quién desechará la vela
   Antes de que salga el sol?
   ¿O sus ropas de invierno
   Antes de que llegue el calor?

6 Lo que derritió a Pedro
   O la faz que Esteban vio,
   Esto, sí, puede tornarte
   De los ídolos a Dios.

7 ¡Oh, atráeme por completo!
   Haz mi copa rebosar,
   Sólo en comunión contigo,
   No con ídolos andar.

Composición para profecía con un punto principal y puntos menores: _____

_____

_____

_____

_____

_____

_____

_____

_____

_____

_____

_____

_____

_____

_____

_____

_____

_____

_____

_____

_____

_____

_____

_____

_____

_____

_____

_____

_____

_____

_____

_____

_____

_____

Alimento matutino

Mt. **Nadie puede servir a dos señores; porque o abo-**
6:24 **rrecerá al uno y amará al otro, o será fiel al uno y**
menospreciará al otro. No podéis servir a Dios y a
las riquezas.

Lectura para hoy

Las riquezas son contrarias a Dios, y por eso, los hijos de
Dios deben vencer el poder que éstas ejercen sobre ellos; de lo
contrario, carecerán de poder espiritual. Por otro lado, el poder
de las riquezas no es proporcional a las posesiones que uno
tenga, pues es posible que ejerzan mayor poder sobre un pobre
que sobre un rico.

Cuando ofrecemos todo nuestro dinero al Señor, y luego El
lo pone en nuestras manos, lo administraremos de una manera
muy diferente. Anteriormente, éramos los dueños y señores,
pero ahora nos convertimos en mayordomos. Si como tales
derrochamos el dinero de nuestro amo, ocurrirá lo que el Señor
dijo en el ejemplo de Lucas 16:1, donde dice acertadamente que
alguien nos acusará; nos dirá que estamos derrochando el
dinero de nuestro amo. Aunque todos tenemos diferentes nive-
les económicos, el principio se aplica a todos; debemos hacer lo
posible por ser moderados.

Una vez que resolvemos el problema del dinero, tendremos
un criterio amplio. Todos tenemos ideas diferentes ... y cuando
se habla de las necesidades de la iglesia, cada uno piensa y
reacciona de diferente manera. Al oír que la iglesia tiene
necesidades, algunos dirán que se debe comprar menos terreno
y construir edificios más pequeños, y pensarán que no es
necesario prestarle tanta atención al asunto. Una persona así
no obrará responsablemente. No obstante, no debemos mirar
las cosas según nuestra perspectiva, sino según la de Dios.
Cuando las riquezas ya no nos enreden, nuestro corazón se
ensanchará. Nadie puede servir a dos señores; o sirve al Señor
o sirve a las riquezas. Si nos hallamos en tinieblas y no en la
luz, se debe a que el dinero nos tiene enredados. Si resolvemos

este problema, muchos otros se solucionarán automáticamente. El evangelio está "enfrascado" como el agua contenida en una botella, y el dinero es el "corcho". Si el dinero no sale, tampoco saldrá el agua. Si no ofrecemos nuestro dinero, no podremos llevar una vida normal. De la misma manera que una persona tiene que abrir los párpados para poder ver, no se puede ver al Señor sin ofrendar el dinero.

Sé que muchos hermanos entre nosotros están mejor económicamente que los de otras localidades. Hay localidades en donde muchos no tienen ni siquiera para pagar el estudio de sus hijos. Es posible que tengamos escasez, pero no debemos volvernos avaros. No debemos permitir que la escasez reduzca nuestro corazón. Debemos mostrar a los hermanos que nada de lo que poseemos es nuestro.

Lo que queremos primeramente es a ustedes, y luego lo suyo. Yo soy un sacerdote y vivo para Dios. Sólo me interesa que nos entreguemos a Dios; no me interesa argumentar. No buscamos el dinero, sino que queremos ayudarles a que se entreguen incondicionalmente al Señor. Si uno no se entrega al Señor, de nada sirve que dé dinero; a una persona así es mejor devolverle su dinero, ya que Dios no se agradará de tal dádiva. A los ojos de Dios, lo principal no es el dinero. Si alguien entrega su dinero, debe ser porque él mismo se entregó primero. Usted como persona es más importante que su dinero. Cuando una persona se acerque al Señor, traerá consigo lo que posee.

Debemos pedir al Señor que introduzca a todos los santos ... en esta práctica; de lo contrario, lo único que producirá todo lo que dijimos estos días será que algunos se consagrarán al Señor, pero después de cinco días todo volverá a su estado original. Este asunto es muy serio. Si logramos llevar a los hermanos y las hermanas a dicha práctica, ocurrirán cosas tremendas. (*The Resumption of Watchman Nee's Ministry,* tomo 2, págs. 399, 407-409)

Lectura adicional: The Resumption of Watchman Nee's Ministry, tomo 2, cap. 54, págs. 404-409

Iluminación e inspiración: _____
_____
_____

Alimento matutino

Mt. **Porque donde esté tu tesoro, allí estará también**
6:21 **tu corazón.**
31-33 **No os preocupéis, pues, diciendo: ¿Qué comeremos? o ¿qué beberemos? o ¿con qué nos vestiremos? Porque los gentiles buscan con afán todas
estas cosas. Vuestro Padre celestial sabe que tenéis necesidad de todas estas cosas. Mas buscad
primeramente Su reino y Su justicia, y todas estas
cosas os serán añadidas.**

Lectura para hoy

Después de que una persona vende todo lo que tiene, seguirá recibiendo ingresos, ya que el dinero de algún modo llegará a sus manos. ¿Cómo entonces deberá administrarlo? No pensemos que una vez que alguien ofrece todo su dinero al Señor, queda libre de su influencia. Hay personas que pueden dar todo su dinero en cierta ocasión, pero éste puede recuperar gradualmente el poder que una vez tuvo sobre ellas, y con el tiempo, vuelven a sentirse dueñas de su dinero. Por tanto, el creyente tiene que aprender a despojarse de su dinero continuamente.

La manera en que el creyente administra las finanzas es totalmente diferente a la del incrédulo. La administración del cristiano consiste en dar, mientras que la del incrédulo, en acumular. Hoy nos interesa aprender cómo debe vivir el cristiano para que no sufra necesidades. Dios nos prometió que nada nos faltaría aquí en la tierra. Las aves del cielo no carecen de alimento, ni a las flores del campo les falta vestido; igualmente los hijos de Dios no deben carecer de alimentos ni de vestimenta. Si esto sucede, se debe a alguna razón fuera de lo normal. Si un hermano tiene problemas económicos, quiere decir que no está administrando sus finanzas según el principio de Dios.

Cuando renunciamos a nuestras posesiones para seguir al Señor, debemos conducirnos según el principio que El estableció. Si no seguimos el principio divino, terminaremos en la pobreza. Es menester que muchos hijos de Dios aprendan a administrar su dinero. De lo contrario, lo único que les espera es penalidades. (*The Collected Works of Watchman Nee*, tomo 49, págs. 419-420)

Nuestro Dios es rico y no necesita nuestro dinero. Todo el ganado vacuno y lanar le pertenece, y todo el oro y la plata son Suyos. Entonces, ¿por qué quiere nuestro dinero? Porque donde esté nuestro tesoro, allí estará también nuestro corazón (Mt. 6:21). Aunque el dinero es una posesión material que pertenece a la tierra, la Biblia menciona a Dios y las riquezas juntos, lo cual indica que el corazón del hombre es atraído por Dios o por el dinero. Dios usa el desprendimiento de lo material para probar hasta qué punto el corazón del hombre está inclinado a El.

En 1922, hace dieciséis años, comencé a servir al Señor. No puedo decir que mi labor ha sido perfecta; no obstante, la sangre ha cubierto toda imperfección. De todo lo que recibía, a veces daba el diez por ciento, a veces el veinte, y en ocasiones el cincuenta por ciento. Por no tener un ingreso fijo, era difícil determinar con antelación cuánto debía dar. Pero las ocasiones en que me era más difícil dar dinero, terminaron siendo las veces que más acciones de gracias y alabanzas ofrecí ... No tengo un concepto muy elevado de aquellos que dicen vivir por fe y sólo reciben, pero nunca dan nada. A veces la mejor manera de probar la medida espiritual de alguien es observar si da. El obrero del Señor debe dar por lo menos el diez por ciento, porque la Biblia muestra que los levitas tenían que diezmar igual que los demás israelitas. (*The Collected Works of Watchman Nee*, tomo 43, págs. 726-727)

Lectura adicional: The Collected Works of Watchman Nee, tomo 43, cap. 85

Iluminación e inspiración: _____

_____

_____

_____

Alimento matutino

1 Co. En cuanto a la colecta para los santos, haced
16:1-2 vosotros también de la manera que ordené a las
iglesias de Galacia. Cada primer día de la semana cada uno de vosotros ponga aparte algo,
según haya prosperado, guardándolo, para que
no se hagan las colectas cuando yo llegue.

Lc. Dad, y se os dará; medida buena, apretada, re-
6:38 mecida y rebosando darán en vuestro regazo;
porque con la misma medida con que medís, se
os volverá a medir.

Lectura para hoy

Nosotros somos injustos si no damos. El alquiler y los
servicios del salón de reuniones cuestan dinero. Si nosotros no damos dinero, no estamos contribuyendo con
nuestra parte, y otros están pagando por nosotros. Esto
no es justo, y toda injusticia es pecado. No pensemos que
nadie lo sabe y que podemos hacer trampa, pues Dios lo
sabe todo.

Muchas personas conocen los detalles de la reunión
descrita en Hechos 20:7, pero se olvidan de lo presentado
en 1 Corintios 16. En esa ocasión Pablo les pidió a los
creyentes corintios que ofrendaran para los santos de
Jerusalén, quienes estaban pasando escasez. En 1 Corintios 16:2 les dice: "Cada primer día de la semana cada
uno de vosotros ponga aparte algo, según haya prosperado, guardándolo, para que no se hagan las colectas cuando yo llegue". Esto es obviamente una orden, y además
muestra que con antelación debemos apartar algo de
nuestros ingresos. De todo el dinero que recibimos, debemos reservar una porción que no tocamos. Cada vez que
recibimos algo, debemos apartar un porcentaje para darlo. (The Collected Works of Watchman Nee, tomo 43, págs.
727-728)

Como creyentes debemos acudir al Señor para recibir el alimento, el vestido y las demás cosas necesarias para nuestro sustento actual. Sin la misericordia de Dios no podríamos vivir en la tierra en la actualidad. Esto también se aplica a los ricos, pues también ellos deben acudir al Señor ... Los que confían en el Señor tal vez no tengan muchos ahorros, pero el Señor no los dejará en dificultades. El puede suplir sus necesidades. Sin embargo, debemos comprender que la provisión que Dios nos da tiene sus condiciones. Si Dios puede alimentar las aves del cielo, también puede sustentarnos. De hecho, nadie puede alimentar a las aves del cielo, ni producir suficiente fertilizante para que los lirios del campo crezcan. Dios también tiene suficientes riquezas para sustentar no sólo las aves y los lirios, sino también a Sus hijos. El desea que no nos falte nada ni que vivamos rodeados de privaciones. Aquellos que padecen necesidad, están en tal circunstancia por algún problema individual, pues no han sabido administrar sus bienes según Dios. Si administramos el dinero según la ley de Dios, no caeremos en la pobreza.

En Lucas 6:38 ... se describe la persona a quien Dios sustenta ... Si todo le pertenece a Dios, ¿por qué Sus hijos sufren escasez? No es porque Dios no pueda proveer lo necesario, sino que nosotros debemos llenar los requisitos que El exige para que nuestras oraciones reciban respuesta. Inclusive nuestra salvación requiere algo: la fe de parte nuestra. Todas las promesas tienen condiciones, y para recibirlas nosotros debemos cumplir dichas condiciones. Del mismo modo, debemos cumplir los requisitos que Dios exige para recibir Su provisión. El requiere que nosotros demos. El Señor dice: "Dad, y se os dará". (*The Collected Works of Watchman Nee,* tomo 49, págs. 420-421)

Lectura adicional: The Collected Works of Watchman Nee, tomo 49, cap. 28

Iluminación e inspiración: _____
_____
_____
_____
_____

Alimento matutino

Hch. En todo os he dado ejemplo, mostrándoos cómo,
20:35 trabajando así, se debe sostener a los débiles, y
recordar las palabras del Señor Jesús, que dijo:
Más bienaventurado es dar que recibir.

Lectura para hoy

He conocido algunos hermanos y hermanas que se ven
extremadamente necesitados por no ser fieles en esto de
dar, no por carecer de ingresos. La Biblia nos muestra un
principio fundamental: si uno da se enriquece, y si acumula
riquezas se empobrece. Aquellos que sólo se interesan en
sí mismos van rumbo a la penuria. Pero aquellos que
aprenden a dar, se enriquecerán. La Biblia así lo afirma, y
es cierto. Si deseamos salir de la pobreza, tenemos que dar
continuamente. Cuanto más damos, más recibiremos de
parte de Dios. Por estar dispuestos a compartir nuestro
excedente con otras personas, otros también compartirán
gozosos con nosotros en el futuro. Si damos la vigésima
parte a otros, ellos nos darán esa misma proporción. Si
damos una milésima de nuestros ingresos, también recibiremos una milésima.

Con la medida que usamos para otros, seremos medidos
nosotros. De la manera que tratamos a nuestros hermanos
y hermanas, Dios nos tratará a nosotros. Si estamos dispuestos a sacrificar nuestro sustento, otros sacrificarán el
suyo por nosotros. Si sólo damos lo que no nos sirve de
nada, con seguridad otros nos darán también a nosotros
objetos inútiles. Muchas personas tienen problemas con
sus ingresos porque no son fieles en esto de dar. Es difícil
concebir que una persona que da generosamente tenga
dificultades con sus ingresos. La Palabra de Dios es muy
clara. Si damos a otros, el Señor nos dará a nosotros. Si no
damos, el Señor no nos dará. La mayoría de la gente sólo
usa su fe para pedirle dinero a Dios, mas no para dar

dinero. No es de extrañarse que no tengan fe para recibir de Dios.

Hermanos, desde el comienzo de la vida cristiana, debemos aprender la lección básica de que somos mayordomos de nuestros bienes. Los creyentes tenemos una manera peculiar de administrar nuestros bienes. Lo que recibimos depende de cuánto damos. En otras palabras, la mayordomía cristiana consiste en recibir según lo que demos. La gente mundana da conforme a lo que recibe, pero nosotros conforme a lo que damos. Nuestros ingresos son determinados por nuestros egresos. Quienes se apegan al dinero y no lo sueltan, no pueden recibir dinero de parte de Dios, ni ningún sustento de parte de El.

Deberíamos depender del Señor en lo pertinente a nuestras necesidades, pero Dios sólo provee para una clase de personas: aquellos que dan. La expresión "medida buena" usada en Lucas 6:38 es admirable. Cuando Dios da al hombre, nunca lo hace con restricción; siempre es generoso y da en abundancia. La copa de Dios siempre rebosa, pues no es avaro ... El es generoso. El da medida apretada, remecida y rebosando. No obstante, también dice que con la medida que usamos para medir a otros seremos medidos. Si somos calculadores y exactos al dar, Dios sólo conmoverá a otros para que nos den de una forma calculada y exacta.

Nosotros primero debemos dar, antes de que otros nos den. La mayoría de la gente nunca aprende a dar. Ellos siempre quieren que Dios conteste sus oraciones. Debemos dar para poder recibir. Si no hemos recibido nada recientemente, ello indica que tenemos dificultad para dar. He sido creyente durante más de veinte años, y puedo atestiguar que este principio es verdadero. Cuando alguien tiene problema para dar, experimenta escasez. (*The Collected Works of Watchman Nee,* tomo 49, págs. 421-422)

Lectura adicional: The Collected Works of Watchman Nee, tomo 49, cap. 28

Iluminación e inspiración: _____
_____
_____
_____

Alimento matutino

Fil.   No es que busque dádivas, sino que busco fruto
4:17-19 que aumente en vuestra cuenta. Pero todo lo he
         recibido, y tengo abundancia; estoy lleno, habien-
         do recibido de Epafrodito lo que enviasteis; olor
         fragante, sacrificio acepto, agradable a Dios. Mi
         Dios, pues, suplirá todo lo que os falta conforme a
         Sus riquezas en gloria en Cristo Jesús.

Lectura para hoy

Los corintios no estaban muy dispuestos a dar, pero los
filipenses fueron bastante generosos. Pablo recibió contribu-
ciones de los filipenses reiteradas veces. El les dijo: "Mi Dios,
pues, suplirá todo lo que os falta conforme a Sus riquezas en
gloria en Cristo Jesús" ... Dio énfasis a la expresión *"Mi Dios*
suplirá todo lo que os falta". El Dios que recibe las ofrendas
monetarias y los donativos suplirá todo lo que les falta a los
dadores.
Dios no proveerá para las necesidades de los que no dan.
En la actualidad muchos cristianos citan Filipenses 4:19, pero
sin entendimiento, porque Dios no suple las necesidades de los
que piden sino de los que dan. Solamente quienes dan, pueden
hacer suyo Filipenses 4:19. Los que no dan, no pueden apro-
piarse de esta promesa. Uno debe dar para poder decir: "Dios,
provee hoy para mis necesidades según Tus riquezas en Cristo
Jesús". Dios suplió las necesidades de los filipenses, pues El
provee para las necesidades de los que practican el principio
de dar.
Cuando nuestras vasijas no tienen harina ni aceite, recordemos que primero debemos hacer una torta para Elías con lo
poco que nos quede ... Usemos el poco de harina y de aceite que
nos quede y hagamos con ellos una torta para el profeta ...
¿Acaso se ha oído que alguien pueda alimentarse por tres años
sólo con una pequeña vasija de aceite? Pero quisiera decirles
que si hacemos una torta para el profeta con lo poco que nos
queda de harina y de aceite, descubriremos que una pequeña
vasija con aceite podrá sustentarnos por tres años y medio (cfr.

Lc. 4:25-26; 1 R. 17:8-16). Lo que uno posee tal vez sea suficiente para una sola comida, pero cuando eso es dado, se convierte en el sustento de uno. Es así como el cristiano debe administrar sus finanzas. Tanto el Antiguo Testamento como el Nuevo nos enseñan lo mismo. La vida cristiana no es una vida de pobreza, pues Dios no desea que vivamos en la miseria. Si hay pobreza entre nosotros, se debe a que algunos retienen su dinero. Cuanto más uno se ama a sí mismo, más necesidades pasa. Cuanto más importante sea el dinero para uno, más pobreza experimentará ... Cuanto más uno guarda su dinero, más se sume en la miseria. Este principio es inquebrantable. En estos últimos veinte años, he visto muchos casos que lo demuestran. Sólo quisiera que pudiéramos soltar el dinero y dejar que circule por la tierra, produzca y sea parte de los milagros que Dios realiza y de las respuestas a las oraciones. Así, cuando tengamos necesidades, Dios las suplirá.

No sólo nosotros estamos en las manos de Dios, pues también Satanás está en Sus manos. Todo el ganado vacuno y lanar le pertenece. Solamente los necios piensan que han ganado el dinero con su propio esfuerzo. Todo creyente nuevo debe comprender que tenemos el deber de diezmar. Debemos dar de lo que ganamos para ayudar a los hermanos pobres. No seamos insensatos pensando que siempre debemos recibir. Los cristianos siempre debemos dar. Siempre demos lo que tengamos, y veremos que el dinero cobra vida en la iglesia. Cuando uno tenga una necesidad, las aves del cielo lo alimentarán, y Dios hará milagros.

Confiémonos a la Palabra de Dios, pues si no lo hacemos Dios no podrá llevar a cabo Su palabra en nosotros. En primer lugar, démonos a Dios, y luego demos nuestro dinero continuamente. Si hacemos esto, le daremos la oportunidad a Dios de darnos. (*The Collected Works of Watchman Nee,* tomo 49, págs. 432-434)

Lectura adicional: The Collected Works of Watchman Nee, tomo 49, cap. 28

Iluminación e inspiración: _____

_____

_____

_____

Alimento matutino

Mt. **Guardaos de hacer vuestra justicia delante de los**
6:1-4 **hombres, para ser vistos por ellos; de otra manera**
no tendréis recompensa ante vuestro Padre que
está en los cielos. Cuando, pues, des limosna, no
toques trompeta delante de ti, como hacen los
hipócritas en las sinagogas y en las calles, para ser
alabados por los hombres; de cierto os digo que ya
tienen toda su recompensa. Mas cuando tú des
limosna, no sepa tu izquierda lo que hace tu dere-
cha, para que sea tu limosna en secreto; y tu Padre,
que ve en lo secreto, te recompensará.

Lectura para hoy

La carne del hombre en su esfuerzo por buscar vanagloria siempre trata de hacer buenas obras delante de los hombres para recibir elogios. Pero a los ciudadanos del reino, quienes tienen un espíritu desprendido y humilde y andan bajo el gobierno celestial del reino con pureza y sencillez de corazón, no se les permite hacer nada en la carne para recibir gloria de hombres; por el contrario, deben actuar en el espíritu para agradar al Padre celestial.

Debemos hacer nuestras buenas obras en secreto, pues nuestro Padre está en secreto. En Mateo 6:4 el Señor dice que el Padre ve en secreto. Los ciudadanos del reino, como hijos del Padre celestial deben vivir en la presencia del Padre. Todo lo que hacen en secreto para el reino del Padre, El lo ve en secreto. El hecho de que el Padre celestial vea en lo secreto, debe estimularlos a hacer las obras fuera de la vista del hombre. En dicho versículo el Señor añade que el Padre nos recompensará, lo cual ocurrirá en esta era (2 Co. 9:10-11) o en la era venidera (Lc. 14:14).

El resultado de hacer nuestras obras justas en secreto es que el yo y la carne son inmolados. Si a la gente de hoy no se

le permite hacer un espectáculo de sus buenas acciones, no las
harán. Pero siempre que se les dé la oportunidad de exhibir
públicamente sus obras justas, estarán dispuestas a hacerlas.
Esto es, tristemente, lo que se practica en el cristianismo
degradado, especialmente al recaudar fondos, lo cual es una
oportunidad excelente para que los donantes hagan alarde de
sus dádivas. Cuanto mayor sea el espectáculo, más dinero están
dispuestos a dar. Obviamente, el espectáculo es de la carne. Dar
limosnas a los indigentes a fin de mostrar cuán generoso es uno,
proviene del yo, de la carne, aunque no se relacione con la ira
ni la concupiscencia ni el ser natural. Hacer un despliegue así
no es otra cosa que jactarse de uno mismo. Por lo tanto, los
ciudadanos del reino han de seguir el principio de nunca hacer
sus buenas con el fin de exhibirse. Hasta donde le sea posible,
uno debe pasar desapercibido, mantenerse oculto y actuar en
secreto. Debemos estar tan escondidos que, como dice el Señor
Jesús, la mano derecha no sepa lo que hace la izquierda (v. 3).
Esto significa que no debemos comunicar lo que hacemos.

No importa cuán buena sea la obra que hagamos —dar
ofrendas materiales, orar, ayunar, hacer obras que agraden a
Dios— debemos tratar, hasta donde podamos, de hacerla en
secreto. Si hacemos nuestras obras justas en secreto, podemos
saber con certeza que estamos creciendo en vida y en salud
espiritual. Pero cuando exhibimos nuestras obras justas, no
somos saludables, pues tal despliegue estorba enormemente el
crecimiento en vida.

El universo mismo indica que Dios se mantiene escondido y
en secreto. Aunque Él ha hecho muchas maravillas, no se
percibe explícitamente que Él las hizo. Hemos visto lo que Dios
ha hecho, pero no lo hemos visto a Él, ya que Él se esconde y se
mantiene oculto. La vida de Dios se esconde y se mantiene
invisible por naturaleza ... Tal es el carácter que los ciudadanos
del reino manifiestan al hacer obras justas. (*Life-study of
Matthew* [Estudio-vida de Mateo], págs. 258-259, 261-262)

Lectura adicional: Life-study of Matthew, mensaje 21, págs.
257-264

Iluminación e inspiración: _____
_____
_____
_____

Hymns #452

(Traducción sin rima ni música; no para cantarse)

1 No me cuentes de los placeres terrenales,
No me tientes con las ganancias viles;
No me seduzcas con ilusiones de esta tierra,
No me distraigas con honores de vanidad.
Me he apartado de los ídolos;
A mí mismo ya no pertenezco;
Mi corazón se lo he dado a Cristo,
Solamente Suyo soy.

No me pertenezco a mí mismo,
Solamente Suyo soy.
No me pertenezco a mí mismo,
Solamente Suyo soy.

2 ¡Cuán bendito el reposo
Cuando pertenecemos sólo al Señor!
Disfrutamos de toda Su plenitud
Cuando no tenemos nada sino a Jesús.
Bendito Cristo, sé mi Dueño
Y hazme Tu posesión.
Que yo sea Tu porción,
Mientras de Ti me gozo.

3 Alma cansada, no luches más;
Sólo a El debes pertenecer.
Date al Señor Jesucristo,
Suya sola debes ser.
El se dio para ganarte,
Te pide que hagas lo mismo;
Todo lo que tiene, te lo da;
Que tu amor sea para El.

*Composición para profecía con un punto principal y
puntos menores:* _____

Alimento matutino

Fil.
4:18
Pero todo lo he recibido, y tengo abundancia; estoy lleno, habiendo recibido de Epafrodito lo que enviasteis; olor fragante, sacrificio acepto, agradable a Dios.

Lectura para hoy

A veces Dios le pide a uno que venda todo lo que tiene; otras veces le pide que solamente dé lo que le sobre. En cualquier caso, el corazón es el que necesita liberarse. En los Hechos, el apóstol reprendió a Ananías porque había reservado lo que le sobraba (Hch. 5:3-4) ... Si sobra algo, debe entregarse.

Una hermana llamada Eva decía que al acostarse por la noche, siempre pensaba en maneras de gastar menos para sus necesidades a fin de poder dar más a otros. Necesitamos ocuparnos de nuestro sustento y mantener a nuestras familias, pero éste no es el tema del cual estamos hablando. En efecto, si reservamos algo de nuestros ingresos y reducimos nuestro nivel de vida, podremos distribuir lo que nos sobre.

Cuando hablamos de entregarnos al Señor, no nos referimos a lo que tenemos que hacer con respecto al manejo de nuestro dinero, sino a que uno tiene que ofrecerse para el beneficio del Señor y del evangelio. A los hermanos y a las hermanas que tienen una profesión les digo: ¡El Señor necesita el ministerio que puedan llevar a cabo en sus trabajos! En estos últimos años nos han faltado colaboradores. Anteriormente teníamos alrededor de cuatrocientos colaboradores; ahora, sólo tenemos doscientos; así que nos faltan doscientos. Para eliminar esta deficiencia, necesitamos personas que estén dispuestas a conseguir un trabajo secular. Anteriormente, no me atreví a decir esto. Algunos deben ganar dinero y ofrecerlo al servicio del Señor. Deben dedicarse a esta empresa. Es posible que una de estas personas gane un millón de dólares, del cual tomará lo que necesite para su sustento, y el resto lo dará a la iglesia. Si usted está aquí sólo en calidad de espectador, esto no le afecta, pero si quiere cuidar de las necesidades de los colaboradores, deberá entregar toda su vida. El Señor quiere que primero nos entreguemos nosotros mismos, y luego lo que nos pertenece. Primero nosotros mismos tenemos que presentarnos a El antes de llevarle lo que tenemos. Si no, Dios no lo aceptará. Los hermanos debemos ver que todo es para el Señor y debe centrarse en El. Aunque uno lleve a cabo su ministerio de ganar dinero, mientras que otro realiza el ministerio de la palabra, ambos deben tener el mismo blanco. (*The Resumption of Watchman Nee's Ministry,* tomo 1, pág. 310-311)

El olor fragante [mencionado en Filipenses 4:18] se refiere al olor grato del holocausto (Gn. 8:20-21; Lv. 1:9). La ofrenda que entregamos a los siervos de Dios no solamente es un sacrificio para Dios, sino también el olor fragante de un holocausto que le agrada. Esto revela que este sacrificio es como un holocausto que satisface y complace a Dios.

Cuando quienes pertenecemos a Dios le ofrecemos lo que El considera "riquezas de injusticia" (Lc. 16:9), es decir, las riquezas engañosas (Mt. 13:22) e inseguras (1 Ti. 6:17), las cuales faltarán (Lc. 16:9), éstas pueden llegar a ser nuestra "comunión" con los santos, nuestra "justicia" para con los hombres delante de Dios, un "sacrificio" aceptable a Dios, y un "olor grato" que le complace. Las riquezas engañan a los hombres, los corrompen y los destruyen, pero estas mismas pueden llegar a ser bendiciones transcendentes delante de Dios, pero tal resultado depende de que le ofrezcamos nuestras riquezas materiales. (*Lecciones de vida,* pág. 187)

The Resumption of Watchman Nee's Ministry, tomo 1, págs. 309-312; *Lecciones de vida,* lección 24

Iluminación e inspiración: _____

_____
_____
_____
_____

Alimento matutino

2 Co. Porque si estamos locos, es para Dios; y si somos
5:13 cuerdos, es para vosotros.

Lectura para hoy

La Biblia también nos habla de las numerosas personas que estaban fuera de sí al grado de ofrecer sus bienes y sus casas. Hechos 4 relata cómo los discípulos lo vendían todo y ponían el precio de lo vendido a los pies de los apóstoles (vs. 34-35). Muchos concuerdan con que debemos tener celo, pero que debemos ser cuidadosos y equilibrados, y no irnos a extremos. Sin embargo, durante estos dos mil años, todos los que verdaderamente se han consagrado al Señor lo arriesgaron todo. Cuanto más uno ama al Señor, más se entrega. Un hermano me preguntó: "¿Cómo puede usted amar al Señor tanto, y yo no puedo?" Le dije: "Si usted le da al Señor su dinero, le amará. El Señor dijo que donde se encuentre nuestro tesoro, allí estará nuestro corazón. Si quiere que su corazón vaya en pos del Señor, su dinero tiene que seguirlo primero. Cuando su dinero entre en la caja de ofrendas y usted diga: 'Amén', su corazón irá tras él".

En Shanghai dos hermanas enfermeras ganaban menos de cien dólares al mes cada una, lo cual depositaban en el banco. Después de escuchar la palabra del Señor, fueron conmovidas, y ofrecieron todo lo que tenían ahorrado.

En estos días muchas personas hacen demasiados planes para sí mismos. No están dispuestas a ofrecer lo que son y lo que poseen, y se reservan algo para sí. Como resultado, el evangelio ha perdido su impacto. En todos los avivamientos históricos, encontramos hombres que amaron tanto al Señor que lo arriesgaron todo para entregarse a El. No le exhorto que lo entregue todo al Señor, pero sí es menester que usted sea una persona completamente consagrada a El.

Una hermana anciana una vez se le acercó a George Müller y le dijo: "Pronto voy a cumplir setenta años. Para ese entonces tendré bastante dinero ahorrado para comprarme un abrigo, lo cual ha sido mi deseo por muchos años. He ahorrado desde que tenía cuarenta y dos años esperando el día en que pudiera comprármelo. Después de veintiocho años por fin puedo comprarlo. No obstante, el Señor me dijo que debo ofrendar este dinero". Cuando el señor Müller oyó esto, sintió que esto le costaría demasiado a la hermana, y se preguntó si más tarde la hermana se arrepentiría de haberlo hecho. Por eso, no se atrevió a aceptar el dinero. Pero la hermana estaba muy resuelta e insistió en ofrendarlo. Más tarde, el señor Müller dio testimonio de que antes creía que a los pobres les era difícil amar al Señor. Pero el Señor murió por todos, y cuando esa hermana fue conmovida por El, incluso lo ahorrado por veintiocho años no significó nada para ella.

Hoy queremos que todos los jóvenes ofrezcan su tiempo y todo su ser al Señor. Es posible que algunos tengan que dedicarse a ganar dinero para el Señor y ofrendárselo ... Otros quizás tengan que ofrecerse al Señor para servir a tiempo completo. Necesitamos ambas cosas. ¿Acaso no es necesario que se predique el evangelio en muchos lugares? ¿Acaso no está la iglesia en la senda correcta? Si no fuera necesario predicar el evangelio, y si la iglesia estuviera en la senda equivocada, podríamos guardar nuestro dinero y usarlo para nuestros gastos personales. Pero si es necesario predicar el evangelio, y si la iglesia está en la senda correcta, entonces tenemos que dedicarnos completamente al Señor. Es imprescindible que volvamos a calibrar el enfoque de nuestras vidas. Anteriormente ganábamos dinero para nosotros mismos. Ahora todo tiene que ser para el Señor ... Debemos responder y ser fervientes en la predicación del evangelio y en ofrendar todo lo que somos y tenemos. (*The Collected Works of Watchman Nee*, tomo 41, págs. 198-200)

Lectura adicional: The Collected Works of Watchman Nee, tomo 41, cap. 26

Iluminación e inspiración: _____

_____

_____

_____

_____

Alimento matutino

Mal. **Traed todos los diezmos al alfolí y haya alimento**
3:10 **en mi casa; y probadme ahora en esto, dice Jehová**
de los ejércitos, si no os abriré las ventanas de los
cielos, y derramaré sobre vosotros bendición has-
ta que sobreabunde.
He. **Así que, ofrezcamos siempre a Dios, por medio de**
13:15 **El, sacrificio de alabanza, es decir, fruto de labios**
que confiesan Su nombre.
16 **Y de hacer bien y de la ayuda *mutua* no os olvidéis;**
porque de tales sacrificios se agrada Dios.

Lectura para hoy

En el Antiguo Testamento ... los israelitas eran muy pobres
y grandemente afligidos. ¿Cómo podrían cumplir las palabras
de Malaquías 3:10? Es posible que se preguntaran: "Si no
podemos sustentarnos con diez medidas de arroz, ¿cómo podríamos hacerlo con nueve? Si diez sacos de harina no son
suficientes, ¿como pueden serlo nueve?" Estos interrogantes
provienen de una mente carnal y necia. Dios reprendió al
pueblo y le dijo que lo que es imposible para los hombres, es
posible para El.
Tener diez medidas de arroz es la causa de la pobreza, pero
tener nueve trae la abundancia. El hombre cree que cuanto
más tiene en su mano, tanto mejor. Sin embargo, retener las
cosas trae la pobreza, mientras que ofrecerlas a Dios trae la
bendición. Si tengo algo adicional en las manos, eso mismo se
convertirá en una maldición para mí, pero si lo pongo en el
almacén de Dios, se convierte en una bendición ... cuando
retenemos algo, acabamos en pobreza. (*The Collected Works of*
Watchman Nee, tomo 49, pág. 431)
El diezmo [mencionado en Malaquías 3:10] es la cantidad
oficial de la ofrenda que Dios requería de la cosecha de los
israelitas ... Esto exhibe claramente la infinitamente rica
promesa de Dios. Aunque estas palabras fueron dirigidas a los

israelitas del Antiguo Testamento, en principio se aplican también a los creyentes neotestamentarios. Si ofrecemos a Dios todo lo que le pertenece a El para que la iglesia reciba la plena provisión, El nos abrirá las ventanas de los cielos y verterá una bendición para nosotros, la cual rebosará de cualquier envase que usemos para tratar de contenerla. (*Lecciones de vida*, pág. 183)

[En Hebreos 13:15-16] se mencionan dos sacrificios. El primero es el sacrificio de alabanza, y el segundo es el sacrificio de hacer el bien y de la ayuda mutua. Un sacrificio constituye una pérdida para uno y una ganancia para Dios. El sacrificio de alabanza es una alabanza que uno ofrece a Dios a costa de alguna pérdida. El sacrificio de hacer el bien y de la ayuda mutua consiste en dar algo a Dios a costa de uno mismo.

No ofrecemos alabanzas adecuadas al Señor en la reunión de la mesa porque no compartimos ni damos lo suficiente. Debemos dar hasta que nos afecte, es decir, hasta que sintamos que hemos perdido algo. Solamente esta clase de ofrenda puede considerarse un sacrificio. Cuando lo hagamos, espontáneamente ofreceremos el sacrificio de alabanza. Si damos de manera ligera, nuestras alabanzas no serán muy elevadas. Si no nos sacrificamos al dar, no tendremos el sacrificio de alabanza ... Además de mencionarse el sacrificio de alabanza, hay algo más. La expresión "no os olvidéis" indica cuán fácil es olvidar ... No debemos olvidarnos de hacer bien y de la ayuda mutua.

Alabar y dar son como dos piernas: si una persona tiene una más corta que la otra, no se puede esperar que camine bien. También son como las dos alas de un ave: si el ave pierde una, no puede volar. Aunque todavía tenga un ala, ésta es inútil. Un ave que tenga una sola ala no puede volar. Cuando asistimos a las reuniones, a veces encontramos a algunas personas superficiales que elevan ciertas palabras de alabanza, pero esa alabanza no es muy elevada. (*The Collected Works of Watchman Nee*, tomo 43, págs. 725-726)

The Collected Works of Watchman Nee, tomo 43, cap. 85

Iluminación e inspiración: _____

_____

_____

_____

Alimento matutino

Ro.   Así que, hermanos, os exhorto por las compasio-
12:1-2 nes de Dios, que presentéis vuestros cuerpos en
        sacrificio vivo, santo, agradable a Dios, *que es*
        vuestro servicio racional. No os amoldéis a este
        siglo, sino transformaos por medio de la renova-
        ción de vuestra mente, para que comprobéis cuál
        sea la voluntad de Dios: lo bueno, lo agradable y
        lo perfecto.

Lectura para hoy

Romanos 12 habla de claramente con respecto a la consagración. En dicho capítulo la consagración está relacionada con el servicio que se da en el Cuerpo de Cristo. No es un
servicio individual, sino corporativo. Si un hombre no está
en el Cuerpo, le es difícil entender la voluntad de Dios. Temo
que algunas personas entiendan mal lo que hemos estado
haciendo en estos días y piensen que estamos intentando
recaudar fondos. Si uno piensa así, ha errado el blanco.
Hemos recibido la gracia de Dios para servirle en esta era.
Para poder hacerlo, tenemos que ofrecerlo todo y ponerlo
todo en el Cuerpo. Es necesario coordinar en nuestra obra y
aun en nuestros trabajos. Esta es la clase de consagración
necesaria para que Dios pueda obrar rápidamente y para
que la obra llegue a una norma muy alta.

¿Por qué necesitamos tocar el asunto de las riquezas?
Porque el Señor dice: "Donde esté tu tesoro, allí estará
también tu corazón" (Mt. 6:21). Donde esté el corazón de uno,
allí estará toda su persona. Las riquezas son como un clavo,
que lo sujetan a uno. Tal vez en estos días recientes algunos
clavos se han aflojado un poco, pero todavía no se han caído.

En la actualidad, las riquezas nos aprietan a cada uno de
nosotros; todavía nos sujetan. Que Dios nos libre de las
riquezas. Romanos 12 habla de dos cuerpos: el nuestro y el
Cuerpo de Cristo. Entregamos nuestros cuerpos por el bien

del Cuerpo de Cristo. Si uno no se ha librado de las riquezas, no puede ofrecerle a Dios su cuerpo.

Hechos 2 y 4 nos muestran que cuando el dinero se da [con el corazón], se tiene la unanimidad. Cuando los discípulos resolvieron el problema relacionado con el dinero, el resultado fue la unanimidad, y la obra de Dios se realizó de manera maravillosa e instantánea. El libro de Hechos nos da la norma. La primera vez que Dios salvó a los hombres, lo hizo en gran número. Todos ellos fueron librados de las riquezas, y luego llevaron a cabo su servicio en el Cuerpo. Este servicio, efectuado en unanimidad, es el servicio del Cuerpo mencionado en Romanos 12.

Si un creyente no ha sido disciplinado y adiestrado por Dios con respecto al dinero, no puede servir al Señor en colaboración con otros miembros. Y si sirve, su servicio será superficial y no provendrá del corazón. Lo que obstaculiza más nuestra consagración es las riquezas. Y uno de los enemigos más grandes del Cuerpo de Cristo es el individualismo. En Hechos, nadie decía que nada le perteneciera sólo a él. Si usted dice que el dinero es suyo, le será difícil ser librado del individualismo, pues éste se manifiesta más en la manera en que uno maneja el dinero.

Nuestro camino, nuestra obra y nuestro testimonio en el futuro dependen del Cuerpo. Si la cuestión del dinero no se resuelve, no podremos disfrutar de una buena coordinación y no podremos servir a Dios.

Los colaboradores pueden jactarse de no haber sido limitados por trabajos seculares para ganarse el sustento durante estos años. Aunque los demás hermanos tienen más contacto con el dinero, deben recordar que sirven a Dios tanto como los colaboradores. No es nuestra expectación que alguien sea mayordomo del Señor toda la vida sin tener a alguien que lo reciba en los tabernáculos eternos [Lucas 16:9]. (*The Resumption of Watchman Nee's Ministry,* tomo 2, págs. 443-445, 426)

Lectura adicional: The Resumption of Watchman Nee's Ministry, tomo 2, cap. 58

Iluminación e inspiración: _____

_____

_____

Alimento matutino

Ro.   Porque ninguno de nosotros vive para sí, y ningu-
14:7-9 no muere para sí. Pues si vivimos, para el Señor
        vivimos; y si morimos, para el Señor morimos. Así
        pues, sea que vivamos, o que muramos, del Señor
        somos. Porque Cristo para esto murió y *volvió a
        vivir*, para ser Señor así de los muertos como de
        los que viven.

Lectura para hoy

Presentar el cuerpo a Dios equivale a servirle a tiempo completo. En dado caso, ¿cómo puede uno presentar su cuerpo a Dios en sacrificio vivo? Todo nuestro ser habita en nuestro cuerpo, el cual, a su vez, está limitado por el tiempo que tenemos. Por lo tanto, el cuerpo es el centro de nuestro ser y el centro de nuestro tiempo. Nuestro ser constituye lo que somos, y el tiempo, la esfera en la que existimos. Podemos cambiar de lugar o de domicilio, pero no podemos salir del tiempo. Siempre permanecemos en el tiempo. Presentar uno su cuerpo a Dios significa entregarse a El. Esto es servir a tiempo completo. Todos los creyentes debemos servirle a tiempo completo y debemos entregarnos a El. Solamente nos entregamos a Dios nuestro Salvador y a nada más.

En principio, debemos comprender que todos los salvos deben servir a tiempo completo. Esta es la razón por la cual Pablo tiene una base sobre la cual exhortarnos a que presentemos nuestros cuerpos a Dios ... Presentar el cuerpo es simplemente presentarse a Dios. Puesto que usted es salvo, tiene que presentarse a Dios. Cuando lo haga, el Señor le dirigirá a tomar un empleo para ganar dinero o a predicar el evangelio sin ganar dinero. Todo depende de cómo el Señor guíe a uno.

Servir a tiempo completo significa dedicarse totalmente al Señor. Es posible que sus ingresos sean cinco veces más de lo que necesite; así que, usted gasta sólo una quinta parte de su sueldo para su sustento y lo demás lo da al Señor. Es muy trivial hablar de diezmar como lo practican los adventistas, pues esta práctica pertenece al Antiguo Testamento, a la ley. En el Nuevo Testamento no se trata de presentar sólo el diezmo, sino nuestro cuerpo, o sea, todo nuestro ser, lo cual incluye todo lo que somos y tenemos, y todo lo que podemos hacer y ganar. En otras palabras, no se trata de una décima parte, sino de darlo todo. El verdadero significado de servir a tiempo completo es vivir al Señor. Servir a tiempo completo no significa renunciar al trabajo y dedicarse a predicar, ni abandonar los negocios para anunciar el evangelio o laborar en la Palabra todo el tiempo. Servir a tiempo completo es vivir al Señor. ¿Quién puede hacer esto? La respuesta es que todos los creyentes, sin excepción, pueden hacerlo. Si uno es creyente, debe vivir al Señor, no sólo porque El es nuestro, sino porque nosotros somos Suyos. Lo vivimos a El basándonos en que pertenecemos a El ... Vivir al Señor incluye vivir por El, por medio de El, con El y en El. Así uno es dos, y dos están en uno. Cuando vivimos al Señor, no solamente no existe una separación entre nosotros y El, sino que ni siquiera existe una distinción entre El y nosotros.

Servir a tiempo completo significa vivir al Señor. Uno no vive para El sino que lo vive a El. Este es un gran privilegio, el cual no concuerda con nuestros conceptos. Todo creyente, por haber sido comprado a gran precio por el Señor, debe vivirlo a El. El pertenece a usted, y usted a El; los dos son uno. El es para usted, y usted para El. No existe ninguna distinción. El no necesita el permiso de usted para usarle, ni usted el permiso de El para usarle a El. (*Elder's Training, Book 8: The Life-pulse of the Lord's Present Move* [Adiestramiento para los ancianos, libro 8: El pulso vital del mover actual del Señor], págs. 105, 111, 113-114, 116-118)

Lectura adicional: Elder's Training, Book 8: The Life-pulse of the Lord's Present Move, cap. 7

Iluminación e inspiración: _____

_____

_____

_____

Alimento matutino

2 Co.   Y por todos murió, para que los que viven, ya no
5:15   vivan para sí, sino para Aquel que murió por ellos
         y fue resucitado.
Mt.   ¿Quién es, pues, el esclavo fiel y prudente, al cual
24:45   puso su señor sobre su casa para que les dé el
         alimento a su debido tiempo?
46   Bienaventurado aquel esclavo al cual, cuando su
         señor venga, le halle haciendo así.

Lectura para hoy

Creo que hemos estudiado a fondo el significado de servir
a tiempo completo. Es posible que los que abandonan sus
trabajos para servir a tiempo completo no se hayan dado
cuenta de que deben vivir al Señor. Cuando mucho comprenden
que deben dedicarse al Señor, pero no lo viven a El. Cuando
uno se dedica al Señor, y cuida de Sus intereses, todavía hay
posibilidad de estar lejos de El. Vivir al Señor significa ser uno
con El; significa hacerlo todo ante El y para El: respirar, comer,
andar, aun hacer ejercicio. Si uno pone en práctica el vivir al
Señor y deja que El sea su dueño, todo lo que haga lo llevará
a cabo ante El y para El.

Espero que todos entiendan la debida connotación de la
expresión espiritual "a tiempo completo". Servir a tiempo
completo no significa que uno deba renunciar al trabajo. No,
servir a tiempo completo significa realizarlo todo ante el Señor
y para El; significa que todo lo que uno es y tiene es para el
Señor. Si uno conserva su trabajo, lo hace ante el Señor y para
El. Si éste siempre es el caso, entonces está sirviendo a tiempo
completo. Cualquier cosa a la cual uno tiene que atender
depende de Aquel a quien vive. El es el que lo guía a uno. De
este modo, uno sabe si debe conservar su trabajo o si debe
casarse o permanecer soltero. Esto no significa que si uno es
soltero puede servir a tiempo completo, y si está casado, no.
Servir a tiempo completo simplemente significa vivir al Señor.

Cada uno de los amados santos que tiene una relación seria
con el Señor debe vivirlo exclusivamente a El. Pablo dijo que

incluso cuando morimos, morimos para el Señor (Ro. 14:8). Así que, no importa si tenemos una larga vida o si morimos hoy. Si vivimos, vivimos para el Señor, y si morimos, morimos para El. No existe ninguna diferencia. En todo lo que hago y en todo lo que me sucede, soy para el Señor porque soy uno con El. Es erróneo pensar que solamente los que renuncian sus trabajos sirven a tiempo completo. Este entendimiento muestra la influencia del cristianismo degradado ... Cuando uno dice que sirve a tiempo completo, quiere decir que está dedicado al Señor y lo vive a El

En octubre de 1984, comprendí plenamente que nos habíamos estancado un poco en el recobro del Señor. Habíamos estorbado mucho al Señor, pues no llevábamos a cabo lo que El había encomendado a Su recobro ... ¡Sirvamos a tiempo completo! Si el Señor nos dirige a renunciar a nuestros trabajos, entonces hagámoslo para El y vayamos a ministrar las verdades preciosas ... Nos multiplicaremos grandemente. Sin embargo, en realidad no me preocupa mucho el incremento. Lo que me interesa es la propagación de las verdades para que éstas lleguen a los corazones necesitados. Si divulgamos estas verdades, llegaremos a ser los siervos fieles que alimentan al pueblo del Señor a su debido tiempo (Mt. 24:45). Así cumpliremos la comisión del recobro del Señor. Este es el anhelo de mi corazón. Estoy dispuesto a morir por esto. Les dije a los hermanos del Lejano Oriente que no me detendré hasta que todo mi ser se agote en este ministerio. Quisiera que todos ustedes tengan el mismo anhelo.

Sirvamos a tiempo completo, ya sea renunciando nuestros trabajos o permaneciendo en ellos para ganar dinero y darlo todo al mover del Señor. Entonces en Su mover no faltarán ni los hombres ni el dinero, y no careceremos de nada ... Lo más sabio que uno puede hacer es servir a tiempo completo ... ¡Esto es lo que el Señor necesita! (*Elder's Training, Book 8: The Life-pulse of the Lord's Present Move,* págs. 121-123, 126-127)

Lectura adicional: Elder's Training, Book 8: The Life-pulse of the Lord's Present Move, cap. 8

Iluminación e inspiración: _____

_____

_____

Himnos, #356

1   Ningún mortal podrá narrar
    La libertad de aquel
    Que vence el cebo terrenal
    Y a Dios se entrega fiel;
    Todas las cosas son de El,
    Presente o por venir:
    Es Cristo su perfecta paz,
    Y Cristo es su fin.

2   Ya que podemos escoger
    Regir con nuestro Rey,
    Sería extraño rehusar
    Ser sólo para El.
    De sacrificios, ni hablar;
    Es gozo sin igual
    A todo costo componer
    La armada celestial.

3   ¡Qué ganga tu parte entregar
    Por la totalidad!
    Todo hombre y todo evento así
    Al fiel le servirán.
    Lo Suyo, todo tuyo es,
    Si tú a El te das;
    Vida abundante hallarás,
    Y un reino que vendrá.

Composición para profecía con un punto principal y puntos menores: _____

_____

_____

_____

_____

_____

_____

_____

_____

_____

_____

_____

_____

_____

_____

_____

_____

_____

_____

_____

_____

_____

_____

_____

_____

_____

_____

_____

_____

_____

_____

_____

_____

_____

Alimento matutino

Is. 6:8 Después oí la voz del Señor, que decía: ¿A quién
enviaré, y quién irá por nosotros Entonces respondí yo: Heme aquí envíame a mí.

Dn.   El pueblo que conoce a su Dios se esforzará y
11:32b actuará.

Lectura para hoy

Inmediatamente después [de la guerra del Golfo], evalué
la situación mundial. Debemos preguntarnos qué quiere el
Señor que hagamos en estos tiempos. Hoy en día en el mover
del Señor en Su recobro debemos tomar la dirección que
responda a los recientes cambios producidos en la situación
mundial. Tanto el mover del Señor como nuestras actividades están representados por la rueda. La rueda dentro de la rueda
representa el mover del Señor en nuestro mover. Así, cuando
el pueblo de Dios actúa, Dios se mueve, pero si Su pueblo no
toma la iniciativa, El no actuará.

Recientemente varios hermanos viajaron al oriente de
Europa y a Rusia, y nos han dado testimonio de cuán abierta
es la gente a la verdad divina y de la sed que tiene de la
misma.

Muchas personas de Europa oriental y de Rusia solamente aceptan los escritos de Watchman Nee y de Witness Lee
... Además, en esa parte del mundo hay una gran escasez con
respecto a la verdad, y por eso, algunos de ellos han pedido
que se les envíe hermanos para que les enseñen la Biblia.

El recobro del Señor ha crecido mucho en el Lejano
Oriente y en los Estados Unidos, pero en Europa se halla
aún en la etapa inicial. Tengamos presente que el Lejano
Oriente, Estados Unidos y Europa son los tres factores
determinantes en la situación mundial hoy día. El recobro
se arraigó en aquéllos, pero no ha echado raíces en ésta. Por
consiguiente, el recobro del Señor debe dirigirse hacia Europa, porque allí está aún en sus comienzos.

El recobro del Señor debe extenderse a Europa y arraigarse ahí. La propagación de las verdades del recobro del Señor preparará Su regreso, lo cual restaurará no solamente a Israel sino también todo lo creado. De los tres factores influyentes presentes en el mundo actual, ya en el Lejano Oriente y en los Estados Unidos el recobro del Señor se ha propagado. Pero Europa sigue siendo una región en donde el recobro necesita arraigarse y crecer. Espero que oremos y tengamos comunión con el Señor al respecto. Debemos decirle: "Señor, se están acercando los días de la consumación del siglo. Señor, reaviva mi amor por Ti".

Los discípulos fueron providencialmente esparcidos a otras tierras sin que el evangelio se hubiese propagado completamente en la tierra santa [Hch. 8:1]. Aunque no en toda esa tierra se había oído el evangelio, el Señor deseaba que los discípulos llevaran el evangelio a otros lugares. Hechos 8 también narra cómo para extender las verdades divinas, Felipe fue a Samaria y le predicó a un etíope eunuco.

La dispersión de los creyentes de Jerusalén a otras localidades es la primera migración relacionada con la propagación del evangelio; por lo tanto, debe considerarse como un principio básico para extender el evangelio así como las verdades divinas. No importa si Estados Unidos está saturados por las verdades divinas o no; de todos modos tenemos que ir a Europa. También debemos creer que nuestra ida afectará positivamente a los Estados Unidos.

Actuar [Dn. 11:32] significa realizar algo noble y digno, que se puede considerar un logro. Especialmente, en estos días en el recobro del Señor tenemos que esforzarnos y actuar. (The World Situation and the Direction of the Lord's Move [La situación mundial y la dirección del mover del Señor], págs. 7, 11, 14, 17, 19, 43-44)

Lectura adicional: The World Situation and the Direction of the Lord's Move, caps. 1-2

Iluminación e inspiración: _____
_____
_____

Alimento matutino

2 Co. **Como entristecidos, mas siempre gozosos; como**
6:10 **pobres, mas enriqueciendo a muchos; como no**
       teniendo nada, mas poseyéndolo todo.
Fil. **Sé estar humillado, y sé tener abundancia; en to-**
4:12 **das las cosas y en todo he aprendido el secreto, así**
       a estar saciado como a tener hambre, así a tener
       abundancia como a padecer necesidad.

Lectura para hoy

Algunos [santos] deben ir a Europa para satisfacer la necesidad de quienes buscan al Señor, llevándoles las verdades
divinas de la Palabra Santa. Después de esos cuatro días y
cuatro horas de guerra con Irak, el Señor puso en mí la
urgencia de "invadir" Europa con las verdades divinas que hay
en el recobro del Señor ... Debemos emigrar a Europa en vez
de ir allí para hacer grandes obras o movimientos. Seremos
bien acogidos porque la gente de allí quiere recibir lo nuevo
que proviene del Occidente. Algunos jóvenes del oriente de
Berlín rogaron a los hermanos que les mandaran personas
para que les enseñaran la Biblia.

Algunos pueden emigrar a Europa para vivir al Señor y
servirle a tiempo completo ...Otros pueden mudarse allí para
servir al Señor consiguiendo un trabajo secular o estableciendo
un negocio ... y otros pueden emigrar para servir servir al
Señor mientras estudian en alguna universidad de allá.

Los que se dedican a la obra del Señor deben vivir por fe,
confiar en El con respecto a sus necesidades y recibir Su
suministro por medio de los santos y las iglesias. Si por parte
del Señor tenemos la inclinación y el interés de servirle exclusivamente a El, no debemos preocuparnos por nuestras necesidades. Tenemos que poner nuestra fe y toda nuestra
confianza en el Señor. No debemos pensar que tendremos una
vida opulenta; al contrario, debemos prepararnos para sufrir,
y el primer sufrimiento es la pobreza. Necesitamos aprender
a servir al Señor en la pobreza. Algunos piensan que si sirven
al Señor en la pobreza, eso es una señal de que el Señor no les

escogió ni les llamó. Sin embargo, el apóstol Pablo vivía en la pobreza (2 Co. 6:10; 11:27), y se vio obligado a fabricar tiendas para obtener su sustento (Hch. 18:3) porque las iglesias que él había establecido no le apoyaban. Además suplió las necesidades de sus colaboradores (Hch. 20:34).

Cuando el Señor me llamó a servirle a tiempo completo, pensé que sólo me llamaba a predicar el evangelio a la gente que vivía en los pueblos de mi provincia. Le dije al Señor que mientras tuviera agua y alimento estaría satisfecho. Nunca pensé que el Señor me llevaría a las grandes ciudades de la China continental, luego a Taiwan y más adelante a los Estados Unidos, adonde llegué en 1961 con la intención de establecerme para propagar el recobro del Señor. En aquel entonces solamente tenía una pequeña suma de dinero para suplir mis necesidades. Pero el Señor me proveyó lo suficiente. El es fiel para satisfacer todas nuestras necesidades cuando le seguimos y respondemos a Su llamamiento.

Por la misericordia del Señor, aprendí a vivir en la pobreza y a tener abundancia (Fil. 4.12). Si tenemos dinero, debemos aprender a economizarlo para beneficiar a los demás y para suplir las necesidades de las iglesias. Es glorioso servir al Señor de esta manera. Si El nos llama y nos envía, con certeza nos cuidará. El nos abastece por medio de los santos y de las iglesias.

Cuando servimos al Señor, no debemos pensar que alguien nos contrató. Si la iglesia nos suministra lo necesario, eso no significa que la iglesia nos contrató ni tampoco es un salario, sino que el Señor nos provee lo necesario mediante la iglesia. Tenemos que entender claramente que, a fin de sostenernos, el Señor necesita que Su Cuerpo (la iglesia) y Sus miembros (los creyentes) cooperen con El, porque no nos abastece directamente sino indirectamente por medio de Su Cuerpo y Sus miembros. (*The World Situation and the Direction of the Lord's Move,* págs. 45-47, 54-56)

Lectura adicional: The World Situation and the Direction of the Lors's Move, caps. 3-4

Iluminación e inspiración: _____
_____
_____
_____

Alimento matutino

2 Co.   Sino *de* que en este tiempo, con igualdad, la abun-
8:14   dancia vuestra supla la escasez de ellos, para que
también la abundancia de ellos supla la escasez
vuestra, para que haya igualdad,
15   como está escrito: "Al que *recogió* mucho, no le
sobró, y al que poco, no le faltó".

Lectura para hoy

En 2 Corintios 8:12-15 Pablo dice que debemos dar lo que
tenemos voluntariamente. A los que recogieron mucho, no les
sobrará, y a los que poco, no les faltará. El acto de dar y de
recibir es a lo que Pablo llama "igualdad" (v. 14). La igualdad
consiste en que lo que se tiene es propiedad común, aunque al
respecto hay diferentes maneras de llevarlo a la práctica.
Debemos recordar que el principio divino es la igualdad.
Incluso en el Antiguo Testamento existía ya el principio divino
de distribuir equitativamente la riqueza … A los judíos no se
les permitía que se despojaran de sus propiedades para siempre. En el año del jubileo se devolvían todas las posesiones al
dueño original (Lv. 25: 8-17). Por lo tanto, el principio que Dios
estableció consiste en mantener la igualdad.

Por un lado, la Biblia nos anima a sostener a los que sirven
al Señor a tiempo completo. En 3 Juan 5-8 se nos dice que
tenemos que cuidar, sostener y enviar a los que se dedican a
servir al Señor de la misma manera en que lo hace Dios, quien
es generoso. Si les sostenemos, eso indica que participamos en
la obra que ellos realizan con respecto a la verdad, y somos
"colaboradores en la verdad" (v. 8). Aunque no participamos
directamente en la obra, sí lo hacemos indirectamente. Los
creyentes tenemos que sostener a los hermanos que laboran
para Dios en Su verdad divina y que no toman nada de los
gentiles, y ocuparnos de sus necesidades. Por lo tanto, si uno no
tiene el llamado de dedicarse a la obra del Señor, debe ganar
dinero para los intereses de El. No trabaje solamente para
sostenerse a sí mismo, sino también para sostener a los que
laboran para el Señor a tiempo completo. Incluso las esposas

de los que sirven a tiempo completo pueden trabajar para
sostenerlos a ellos y a otros colaboradores, si es posible. Este
servicio lo bendecirá el Señor abundantemente. (*The Way to
Practice the Lord's Present Move* [La manera de practicar el
mover actual del Señor], págs. 71-73)

Los que siguen en su trabajo, profesión o negocio con el fin de
ganar dinero para los intereses del Señor... sigan ahí para sacar
el oro del mundo. Cuando los israelitas salieron de Egipto, se
llevaron consigo el oro de allí (Ex. 11:2-3; 12:35-36). La mina de
oro se halla en Egipto. Algunos deben trabajar continuamente
allí para extraer el oro, y otros deben dejar su trabajo, profesión
o negocio con el fin de predicar y enseñar la verdad evangélica,
aunque éstos tienen que sostenerse de alguna manera. No nos
gustaría verles obligados a hacer en tiendas como lo hacía Pablo
en Hechos 18:1-3. Eso sería una vergüenza para los demás. Si yo
hubiera sido contemporáneo de Pablo, habría ido a todas las
iglesias para decirles que era una vergüenza que no tuvieran
comunión con el apóstol Pablo, es decir, que no contribuyeran con
miras al progreso del evangelio (Fil. 1:5). Fue una vergüenza que
se viera obligado a regresar a "Egipto" con sus colaboradores para
obtener oro. Debemos recalcar que todos los santos debemos
dedicar todo nuestro tiempo al Señor aunque en diferentes fun-
ciones. Algunos tienen la función de predicar el evangelio, enseñar la verdad y ministrar vida a los que buscan al Señor y, por
ende, no tienen el tiempo para procurarse el sustento. Así que
necesitan que otros los sostengan. Por lo tanto, muchos de nosotros debemos permanecer en nuestros trabajos, profesiones o
negocios para ganar dinero.

Es muy importante tener comunión para extender el evangelio, es decir, para el progreso del evangelio. Todos los que perma-
necen en sus trabajos y negocios deben tener esta clase de
comunión, cuyo fin es hacer que el mover del Señor avance por
medio de los que se dedican a predicar o enseñar para la expan-
sión del reino del Señor, los cuales no tienen negocios ni trabajos
seculares. (*Elders' Training, Book 8: The Life pulse of the Lord's
Present Move,* págs. 129-130)

Lectura adicional: The Way to Practice the Lors's Present Move,
   cap. 5

Iluminación e inspiración: _____

_____

Alimento matutino

Hch. Todos los que habían creído estaban juntos, y te-
2:44 nían en común todas las cosas.
4:32 Y la multitud de los que habían creído era de un
corazón y un alma; y ninguno decía ser suyo propio nada de lo que poseía, sino que tenían todas
las cosas en común.

Lectura para hoy

No basta con seguir el ejemplo de los adventistas del
séptimo día para enseñar que se debe dar el diezmo, pues
eso es muy superficial. El diezmo se daba al Señor en el
Antiguo Testamento bajo la ley, donde se carecía de la gracia,
la vida y el poder de la vida. Debemos ser distintos, ya que
estamos en la era de la gracia, la cual nos proporciona
ricamente el suministro de vida. Zaqueo aceptó la salvación
dinámica que se menciona en Lucas 19:1-10 e inmediatamente renunció a una gran cantidad de sus posesiones
mundanas, lo cual no era simplemente dar el diezmo, sino el
producto de la salvación dinámica que experimentó. Del
mismo modo, en el día de Pentecostés todos los creyentes
dieron sus posesiones y llegaron a tener todas sus pertenen-
cias en común (Hch. 2:44, 45; 4:32-35), lo cual no era un diez
por ciento de sus bienes sino el ciento por ciento. Lo dejaron
todo a los pies de los apóstoles, o sea, a la disposición del
Señor. Esto fue maravilloso. Estamos en el recobro del Señor
y tenemos que recuperar este asunto.

Enseñémosles a los santos, pues ellos aman mucho al
Señor. Es una pena que en el pasado no hayan recibido la
debida educación o instrucción. Cuánto más gasten en el
Señor, más bendiciones recibirán, según se dice en Filipenses 4:19. Muéstrenles este versículo a los queridos santos
que aman al Señor y que trabajan jornadas completas para
ganar dinero y para dar. Dicho versículo es una gran bendición. A menudo, cuando recibo una dádiva de un querido

santo, cito este versículo al final de mi carta de agradecimiento: "Mi Dios, pues, os suplirá todo lo que os falta conforme a Sus riquezas en gloria en Cristo Jesús". Puesto que nos ocupamos de Su necesidad, El nos dará la gran bendición de suplir todo lo que nos falte, conforme a Sus riquezas. He visto que los que se ocupan de las necesidades de Dios reciben una abundante bendición. Cuando los santos den, no será en vano. Cuánto más den, más verán las riquezas del Señor. Debido al gobierno y la buena administración que hay en Taiwan, la gente de ahí se ha hecho rica. Pero tenemos que dar el crédito a nuestro Dios soberano. Ahora todos los santos de Taiwan pueden compartir las riquezas. Tenemos que orar para que Dios siga bendiciendo los Estados Unidos para el bien de Su propósito. El recobro del Señor necesita la bendición que proviene de la providencia de Dios por medio del gobierno y necesita que los Estados Unidos sigan siendo su centro.

Adiestremos a los santos en nuestra localidad. Así, no solamente disfrutemos de las ganancias materiales que hemos recibido bajo la providencia de Dios, ya que es posible que esto ofenda al Señor. En tal caso el Señor recogerá Su bendición. Adiestremos a los santos para que entiendan que si somos fieles a El, El nos bendecirá. Si gastamos hasta el último gramo de oro para Su propósito, El no nos lo devolverá en gramos sino en kilos. De esta manera se lleva a cabo la comunión para el evangelio, o sea la comunión para el progreso del evangelio.

La clave principal de este principio radica en que todo creyente sirve de jornada completa. Algunos abandonarán su trabajo para predicar y enseñar, y otros seguirán trabajando para ganar dinero. Tenemos que instar a algunos a abandonar su trabajo, y a otros a ganar dinero para que aparten mensualmente un cinco por ciento con el propósito de contribuir a la cuenta de la comunión para el evangelio. (*Elders' Training, Book 8: The Life-pulse of the Lord's Present Move*, págs. 130-132, 137)

Lectura adicional: Elders' Training, Book 8: The Life-pulse of the Lord's Present Move, págs. 130-132, 137

Iluminación e inspiración: _____
_____
_____

Alimento matutino

Fil. Y sabéis también vosotros, oh filipenses, que al
4:15-16 comienzo del evangelio, cuando partí de Macedonia, ninguna iglesia participó conmigo en razón
de dar y recibir, sino vosotros solos; pues aun a
Tesalónica me enviasteis una y otra vez para mis
necesidades.

19 Mi Dios, pues, suplirá todo lo que os falta conforme a Sus riquezas en gloria en Cristo Jesús.

Lectura para hoy

¡Qué sentimiento tan tierno el que el apóstol expresó [en Filipenses 4:15-16]! Ya que al referirse a ello dijo que era "un olor fragante, sacrificio acepto, agradable a Dios" (v. 18). Pablo no buscaba dádivas (v. 17), pero lo que ellos le dieron llegó a ser olor fragante que él puso en el altar, lo cual no solamente le sostuvo a él, sino que también aumentó la cuenta de ellos. Hay una cuenta en el banco celestial, en el cual es posible tener ganancias o pérdidas. Dar un diez por ciento es una práctica bastante pobre. Dios no es un mendigo; por lo tanto, no debemos tratarle como si lo fuera. Debemos honrarle, pues El da abundantemente y nos proporciona todas las riquezas. Todo lo que tenemos proviene de El y no de lo que planeamos. El determina si uno es rico o pobre. Solamente debemos laborar día y noche, y El irá detrás de nuestra labor para bendecirnos con miras a la propagación de Su reino, y no a nuestra empresa.

En cada iglesia una de cada veinte personas debe dejar su negocio o carrera para dedicarse a predicar y enseñar. Los restantes diecinueve deben hacer lo posible por sostener a esa persona, apartando periódicamente, aun semanalmente, cierta cantidad de su salario mensual. A los diecinueve les será fácil sostener a una sola persona. Cada uno de ellos solamente tendría que apartar un cinco por ciento de su salario, lo cual sería suficiente para sostener al hermano que dejó su trabajo.

El noventa y cinco por ciento equivale al salario de éste. Dicha práctica no será una carga pesada para la iglesia, sino todo lo contrario.

Exhortemos a los santos a que además de dar regularmente al Señor por medio de la iglesia, deben dar cada mes un cinco por ciento de su salario. No lo dejen acumular para hacerlo una vez al año. Es mejor ... poner una parte en la caja de las ofrendas cada domingo.

Independientemente de si en nuestra localidad hay personas que hayan abandonado su trabajo, debemos practicar esto. Es posible que no haya nadie en esta categoría, pero si las hay en otras localidades ... Debemos ahorrar un cinco por ciento de nuestro salario para cuidar de aquellos que están en otros lugares, en otras iglesias, o incluso en otros países. Si somos unánimes en toda la tierra, la iglesia debe practicar esto y exhortar a los santos a dar todos los meses un cinco por ciento de su salario para sostener por toda la tierra a los que abandonaron su trabajo para dedicarse a la obra.

No pensemos que no hay nadie en esa categoría. Todas las iglesias por toda la tierra tienen que practicar esto. Dejemos en las manos del Señor cuánto de la obra se llevará a cabo, y demos el cinco por ciento. Eduquemos a todos para que aparten un cinco por ciento adicional y lo dediquen a la comunión del evangelio. Confío en que el Señor bendecirá esta obra, ya que tiene que ver con Su extensión. ¡Sin duda El desea propagarse por medio de nosotros! Pero para ello se necesita apoyo económico. No necesitamos conducir una campaña para recaudar fondos, ni tampoco enviar personal a convencer a las iglesias de que contribuyan. Sólo necesitamos dar de esta manera semanalmente, designándolo para la comunión en el progreso del evangelio ... Todas las iglesias deben tener una cuenta aparte denominada "La comunión en el progreso del evangelio". (*Elders' Training, Book 8: The Life-pulse of the Lord's Present Move*, págs. 134, 136-137)

Lectura adicional: Elders' Training, Book 8: The Life-pulse of the Lord's Present Move, cap. 9

Iluminación e inspiración: _____
_____
_____
_____

Alimento matutino

1 Co. Cada primer día de la semana cada uno de voso-
16:2 tros ponga aparte algo, según haya prosperado,
guardándolo, para que no se hagan las colectas
cuando yo llegue.

Lectura para hoy

Si deseamos seriamente propagar todas las verdades que el
Señor sembró en nosotros, tenemos que ser responsables y dar
el cinco por ciento de nuestro salario y asignarlo única y
exclusivamente para sostener a los obreros que sirven de tiempo completo. Cuando damos al Señor por medio de la iglesia, un
cinco por ciento de nuestro salario debe dirigirse al sosteni-
miento de los que sirven en la obra, con el fin de que el Señor
se propague. Por lo tanto, cada iglesia que tenga por lo menos
veinte miembros debe practicarlo. Puede darse el caso de que
en una iglesia que tenga menos de veinte santos haya una o dos
miembros que muestran interés en dedicarse por completo a
servir y son aptos para hacerlo. Supongamos que la iglesia
solamente puede sostener a uno de ellos. No se le debe decir a
uno de ellos que no lo haga y que se quede en su trabajo. Es
posible que otras iglesias que tienen más de veinte miembros
no tengan obreros dedicados al servicio. Estos pueden dar su
cinco por ciento a la iglesia que tiene más obreros. Esto se
efectúa por medio de la comunión y no por algún tipo de
organización.

Espero que todas las iglesias empiecen a practicar esto
tengan o no tengan obreros dedicados a servir de tiempo completo. Los hermanos que llevan el liderazgo deben tener comunión con los santos en cuanto a dar el cinco por ciento de su
salario. Además, la iglesia debe abrir una cuenta separada para
sostener obreros, aunque no tenga ninguno. Los fondos de dicha
cuenta serán útiles más adelante. El Señor desea tener muchos
obreros en Su mover actual. Espero que en 1986 todas las
iglesias de los Estados Unidos tengan unos cuatrocientos o
quinientos obreros que sirvan de tiempo completo.

Si una iglesia de cien santos sólo tiene tres obreros, debe tener una reserva para sostener a dos más. Por medio de la comunión con otras iglesias, sabrá que en otros lugares se necesitan fondos para sostener a más obreros. Debemos orar al respecto y acudir al Señor para que El nos guíe. Debe establecerse un principio, no un precepto. La iglesia debe guardar el principio de apartar un cinco por ciento de las ofrendas y dedicarlo a los obreros, aunque esto no reemplaza las ofrendas que los santos dan directamente destinadas a los obreros. (*The Way to Practice the Lord's Present Move*, págs. 75-75)

Según la Biblia, las ofrendas que los creyentes dan en las reuniones deben utilizarse para: (1) los gastos locales, como por ejemplo, el alquiler, (2) aliviar a los hermanos y hermanas que se hallan en pobreza y en necesidad, y (3) sostener a los obreros y solventar los gastos de la obra, según el mandato de la Biblia. En realidad, los creyentes deben sostener a los obreros de su misma localidad. El dinero debe distribuirse así, pero los creyentes aún tienen individualmente la responsabilidad de atender a los pobres y de apoyar económicamente a los obreros y la obra.

Tenemos dos cajas de ofrendas y cada una de ellas tiene dos compartimientos. Hay dos ranuras en la parte superior de cada caja. Se deben depositar los fondos para la iglesia por una ranura, y los fondos para la obra por la otra. Debemos hacer esto porque en el pasado se mezclaban los fondos para la obra con los fondos para la iglesia. Debido a esto, las iglesias usaban dineros destinados a la obra ... Si hallamos una ofrenda designada a un obrero en particular, debemos ponerlo en un sobre con el nombre del obrero. Aunque las cajas estén disponibles, el exceso o el déficit de los fondos designados para la obra es responsabilidad de los obreros, y no la responsabilidad de los hermanos y hermanas de la iglesia. (*The Collected Works of Watchman Nee*, Tomo 17, págs 214-215)

Lectura adicional: The Way to Practice the Lord's Present Move, cap. 5

Iluminación e inspiración: _____

_____

_____

Himnos, #190

1 Toma mi vida, Señor,
  Consagrada te la doy;
  Toma todo lo que soy,
  Te lo ofrezco con amor.

2 Toma mis manos, Señor,
  Las consagro a Tu labor;
  Toma hoy también mis pies
  Para cosechar la mies.

3 Ten mis labios para hablar
  Y Tu grey apacentar;
  Ten mi voz y cantaré
  Siempre, sólo, por mi Rey.

4 Ten mi plata y oro hoy,
  Ni una pizca quiero yo;
  Ten mi mente y su poder
  Usala para Tu bien.

5 Toma aun mi corazón,
  Y haz en él Tu trono hoy;
  Toma Tú mi voluntad
  A Tus pies postrada está.

6 Toma, oh Señor, mi amor
  Que a Tus pies derramo hoy;
  Tómame para que así
  Sea sólo para Ti.

Composición para profecía con un punto principal y puntos menores: _____

_____

_____

_____

_____

_____

_____

_____

_____

_____

_____

_____

_____

_____

_____

_____

_____

_____

_____

_____

_____

_____

_____

_____

_____

_____

_____

_____

_____

_____

_____

Alimento matutino

2 Co. Por tanto, como en todo abundáis, en fe, en pala-
8:7 bra, en conocimiento, en toda solicitud, y en el
amor que está en vosotros *el cual recibisteis* de
nosotros, abundad también en esta gracia.

13-15 Porque no *se trata de* que para otros *haya* alivio,
y para vosotros aflicción, sino *de* que en este tiempo, con igualdad, la abundancia vuestra supla la
escasez de ellos, para que también la abundancia
de ellos supla la escasez vuestra, para que haya
igualdad, como está escrito: "Al que *recogió* mucho, no le sobró, y al que poco, no le faltó".

Lectura para hoy

En el desierto los hijos de Israel no labraron la tierra;
no sembraban ni cosechaban; simplemente recogían el
maná. Posiblemente algunos fueron ambiciosos y trataron
de recoger más de lo que necesitaban. Sin embargo, al final
del día lo que les quedó se echó a perder ... En el caso de
quienes recogieron maná en exceso, tal vez con el fin de
almacenarlo para el futuro, Dios hizo que le fuera quitado
el excedente que habían recogido.

Los débiles, quienes no pudieron recoger gran cantidad
de maná, no tuvieron escasez. El método divino se expresa
en que a los que recogieron poco, no les faltó, y los que
recogieron mucho, no les sobró. Esta es la manera celestial
en que Dios equilibra la provisión de Su pueblo ... El
equilibra la provisión diaria de Sus hijos con Su mano
providencial y milagrosa.

En 2 Corintios 8 Pablo relaciona nuestra acción de dar
con la recolección del maná. A nosotros nos parece que
estamos dando, no recogiendo, pero lo que Pablo dice indica
que dar es, en cierto modo, recoger. Sus palabras dejan
implícito que como hijos de Dios no debemos ser avaros. No
pensemos que si ganamos una gran cantidad de dinero,

podremos reservarla toda para nosotros mismos. Debemos ver que si damos o no, el resultado será el mismo. Supongamos que un hermano gana $40,000 al año y que en realidad no necesita tanto dinero para su subsistencia. Da su diezmo de $4,000 y deja para sí los $36,000 restantes. Diezmar es una buena práctica, pero uno puede seguir un camino mucho mejor, según el cual el hermano de este ejemplo sólo dejaría lo que necesita, que quizá sea $20,000 y donaría el resto. Sin duda alguna, desde la perspectiva humana, casi todos seguiríamos el primer camino, daríamos el diezmo, y no daríamos hasta donde podamos. Si el hermano en cuestión diezma y se queda con el exceso de $16,000, descubrirá que Dios disipa providencialmente dicho excedente. Es posible que se enferme o que tenga un accidente o algún percance. Si el dinero no se le esfuma en este tiempo, se le desaparecerá en la siguiente generación o en la tercera. La mano poderosa y providencial de Dios estará activa produciendo un equilibrio celestial de las riquezas entre Su pueblo.

No importa cuán sabio sea uno para administrar el dinero, Dios es más sabio. El es el piloto celestial, y como tal El sabe cómo hacer que nuestro a dinero le salgan alas y se nos vuele. Lo hizo con el maná en el Antiguo Testamento, y lo hace con el dinero hoy. Así que debemos preguntarnos si deseamos equilibrar nuestros bienes voluntariamente o si Dios tendrá que hacerlo de una forma providencial y milagrosa. Les garantizo que tarde o temprano sus bienes materiales hallarán el equilibrio. En este aspecto debemos entender lo que hay en el corazón de Dios. El desea en lo profundo de Su corazón que Su pueblo no tenga exceso ni escasez en su provisión diaria ... Debemos recordar que nuestros ingresos llegarán al equilibrio sea que estemos dispuestos a compartir con otros o no. (*Life-study of Second Corinthians* [Estudio-vida de 2 Corintios], págs. 419-422)

Lectura adicional: Life-study of Second Corinthians, mensaje 48

Iluminación e inspiración: _____

_____

_____

_____

_____

Alimento matutino

2 Co. Pero *considerad* esto: El que siembra escasamen-
9:6 te, también segará escasamente; y el que siembra
con bendiciones, con bendiciones también segará.
7 Cada uno *dé* como propuso en su corazón: no con
tristeza, ni por necesidad, porque Dios ama al
dador alegre.
Pr. Hay quienes reparten, y les es añadido más; y hay
11:24 quienes retienen más de lo que es justo, pero vienen a pobreza.

Lectura para hoy

La manera en que el cristiano administra el dinero se
caracteriza por no retenerlo. Cuanto más se aferre uno al
dinero, más se le desaparece; y cuanto más firmemente se ase
a él, más fácilmente se le esfuma y se le evapora. Pero cuanto
más dinero da, más tiene. Si los hijos de Dios aprenden a dar
más, Dios tendrá la oportunidad de hacer más milagros. Si los
hijos de Dios retienen el dinero, se empobrecen. Dios no se pone
en las manos de aquellos que se apegan al dinero y no lo
sueltan. Cuanto más da uno, más le dará Dios a uno.

Leamos 2 Corintios 9:6, donde dice: "El que siembra escasamente, también segará escasamente; y el que siembra con
bendiciones, con bendiciones también segará". Este también es
el principio bíblico para administrar las finanzas. Cuando los
cristianos dan, no arrojan el dinero, sino que siembran. La
Biblia no dice: "El que tira su dinero escasamente, también
segará escasamente; y el que lo tira con bendiciones, con
bendiciones también segará". Lo que afirma es: "El que siembra escasamente, también segará escasamente; y el que siembra con bendiciones, con bendiciones también segará". Cuando
uno da, está sembrando. ¿Desea usted que su dinero se multi-
plique? Si es así, debe sembrarlo. Cuando uno regala el
dinero, éste se multiplica, pero cuando lo retiene, no se
multiplica.

Hermanos y hermanas, nadie es tan necio como para esperar una cosecha sin haber sembrado. ¿Por qué muchas veces Dios no ha contestado las oraciones que hacemos por nuestras necesidades básicas? Cuán necios somos, pues tratamos de cosechar donde no hemos sembrado y de recoger donde no hemos laborado. Tal cosa es imposible. ¿Por qué no sembramos parte de nuestros bienes? Muchos hermanos y hermanas pasan dificultades. ¿Por qué no sembramos el dinero en ellos para poder cosechar más adelante? Cuanto más se aferre uno al dinero, menos tendrá. En el pasaje que citamos vemos un cuadro hermoso. Los corintios dieron de lo que tenían a los que estaban en Jerusalén, pues sabían cuán necesitados estaban; y Pablo aludió a esto diciendo que estaban sembrado, no que se estaban privando de sus bienes. Recordemos que el dinero puede ser semillas. Si vemos que un hermano o hermana está en necesidad, y le damos alguna ayuda, Dios hará que ese dinero crezca y produzca a treinta o a sesenta o a ciento por uno. Ojalá que sembremos más de nuestro dinero.

El creyente nuevo debe aprender a sembrar, para que cuando necesite, pueda cosechar. Uno no puede recoger donde no sembró. Hay muchos hermanos que se empobrecen cada día más. Si uno se come todo lo que tiene, no le quedará nada. Pero si uno guarda la mitad de la semilla para sembrarla, tendrá una cosecha el año siguiente. Y si después vuelve a hacer lo mismo, tendrá otra cosecha. Si uno desea sembrar algo, no puede comerse todo el grano. Algunas personas siempre comen y nunca siembran. Tampoco reciben nada cuando tienen necesidad. Supongamos que algunos jóvenes siembran algo de dinero en otros hermanos y oran al hacerlo diciendo: "Dios, hemos sembrado en los hermanos. Así que cuando me vea necesitado deseo ver la cosecha". Si hacen esto, Dios honrará Su palabra. (*The Collected Works of Watchman Nee,* tomo 49, págs. 429-431)

Lectura adicional: The Collected Works of Watchman Nee, tomo 49, cap. 28

Iluminación e inspiración: _____

_____

_____

_____

Alimento matutino

2 Co.   Y el que liberalmente provee de semilla al que
9:10-11 siembra, y de pan al que come, proveerá y multi-
         plicará vuestra sementera, y aumentará los frutos
         de vuestra justicia. En todo sois enriquecidos para
         toda liberalidad, la cual produce por medio de
         nosotros acción de gracias a Dios.

Lectura para hoy

[En 2 Corintios 9:6 se habla de] una ley natural que el Señor estableció en el reino biológico, la cual contiene Su promesa. Ofrendar riquezas materiales equivale a sembrar. Puesto que sembrar produce con el tiempo una cosecha, el que siembra escasamente, siega poco, y el que siembra en abundancia, recoge profusamente. Ante los hombres, la ofrenda de bienes materiales es un desperdicio de los mismos, pero ante Dios, dicha ofrenda es una siembra que traerá mucho fruto ... El que da ofrendas pródigamente, recogerá en abundancia. Creamos en la promesa que el Señor puso en esta ley. (*Lecciones de vida,* pág. 182)

Según 9:6, el que siembra escasamente recogerá poco, y el que siembra con bendiciones, también recogerá con bendiciones. En el versículo 6 vemos la idea de sembrar para el beneficio de los demás, pero el agricultor que siembra en sus campos ¿lo hace para el beneficio de otros? Sin duda, la mayoría de los labradores siembran para su propio beneficio. Pero esta siembra no se hace con bendiciones. Sembrar con bendiciones es darles a los demás ... Cuando damos de nuestro dinero, sembramos, y esta siembra no la hacemos para nuestro beneficio personal, sino para el de otros. Si sembramos con bendiciones para otros, recogeremos con bendiciones de parte de Dios.

Cuando sembramos con bendiciones para otros, recogeremos con bendiciones de parte de Dios. Además, la cosecha siempre sobrepasa con creces lo sembrado. Se multiplica a treinta o a ciento por uno. Esto no sucede milagrosamente, pues es el resultado de una ley natural. Debido a que Dios controla la suministración de vida entre Sus hijos haciendo milagros, la familia cristiana no puede retener sus riquezas por varias generaciones. Pero la siembra concuerda con una ley natural, y no con un milagro. Al respecto, no es necesario que Dios haga ningún milagro. Debemos sembrar, o sea, dar. Cuanto más demos, más cosecharemos. Aun así, no debemos hacer esto supersticiosamente con el fin de enriquecernos.

Los dos ejemplos en cuanto a recoger y sembrar se basan en el profundo pensamiento que Pablo expresa en estos capítulos. En el capítulo nueve el pensamiento es que por ser creyentes damos a modo de siembra. Además, no debemos sembrar escasamente. Si lo hacemos, por la ley natural recogeremos poco. Debemos sembrar con bendiciones para los demás. Si sembramos con bendiciones para los demás, por la misma ley natural recogeremos con bendiciones de parte de Dios, las cuales serán mucho más de lo que sembramos ... El Señor siempre honra la ley natural que El estableció.

Debemos sembrar mucho, y a cambio recogeremos mucho, aunque no tenemos como meta enriquecernos. El resultado es la abundancia de gratitud a Dios [9:11]. Espero que en el futuro, en el recobro del Señor, muchos santos se conviertan en un motivo de agradecimiento a Dios. Es decir, que las dádivas que den producirán acciones de gracias a Dios. Confío plenamente en que si los santos que se hallan en el recobro del Señor están dispuestos a dar, el recobro no carecerá de recursos. Por el contrario, habrá gran abundancia de acción de gracias al Señor de parte de muchos santos. Así que, pongamos en práctica el dar, lo cual se efectúa sembrando y recogiendo. (*Life-study of Second Corinthians*, págs. 422, 425-426)

Lectura adicional: Life-study of Second Corinthians, mensajes 48-49

Iluminación e inspiración: _____

_____

_____

_____

_____

Alimento matutino

Mt.   No acumuléis para vosotros tesoros en la tierra,
6:19-21 donde la polilla y el orín corroen, y donde ladrones
      horadan y hurtan; sino acumulad para vosotros
      tesoros en los cielos, donde ni la polilla ni el orín
      corroen, y donde ladrones no horadan ni hurtan.
      Porque donde esté tu tesoro, allí estará también tu
      corazón.
31-33 No os preocupéis, pues, diciendo: ¿Qué comeremos?
      o ¿qué beberemos? o ¿con qué nos vestiremos? Por-
      que los gentiles buscan con afán todas estas cosas.
      Vuestro Padre celestial sabe que tenéis necesidad
      de todas estas cosas. Mas buscad primeramente Su
      reino y Su justicia, y todas estas cosas os serán
      añadidas.

Lectura para hoy

   [En Mateo 6:19-20] el Rey decreta que los ciudadanos
del reino no deben acumular tesoros en la tierra sino en
el cielo. Se acumulan tesoros en el cielo dando lo material
a los pobres (19:21) y cuidando a los santos necesitados
(Hch. 2:45; 4:34-35; 11:29; Ro. 15:26) y a los siervos del
Señor (Fil. 4:16-17). El versículo 21 dice: "Porque donde
esté tu tesoro, allí estará también tu corazón". Los ciudadanos del reino deben depositar sus tesoros en los cielos
para que también allí esté su corazón. Antes de ir allá,
deben depositar sus tesoros y su corazón.
   Aparentemente, en esta sección ... el Señor alude a la
relación que los ciudadanos del reino tienen con las riquezas, pero en realidad, Su tema es la ansiedad ... También
es posible que se tenga la impresión de que el Señor habla
del corazón, pues El dice que donde esté nuestro tesoro allí
estará nuestro corazón ... El mundo en su totalidad está
sumergido en la ansiedad, y ésta es el motor que lo impul-
sa y que genera la cultura humana. Si no hubiera ansiedad
sobre el sustento diario, nadie haría nada, y todos estarían

ociosos. Así que, al referirse a la ansiedad, el Señor aborda lo más crítico de la vida humana.

Observemos lo que el Señor desea en los versículos del 19 al 34. ¿Desea el Señor que los jóvenes terminen la escuela o que la abandonen y vivan como las aves del cielo? No está bien estar ansiosos, pues la ansiedad no proviene de la vida divina. En la vida de Dios no hay ansiedad alguna. Sin embargo, el Señor no dice que debemos olvidar nuestros deberes. Cuando el Señor condujo a los hijos de Israel a la buena tierra, todos ellos tuvieron que laborar en ella. Este era su deber ... Ellos no sólo trabajaban para sí mismos, sino también para las aves. Si ellos no hubiesen labrado la tierra, habría sido difícil que las aves sobrevivieran. Era correcto y necesario que cumplieran sus deberes, pero no que se preocuparan. Del mismo modo, nosotros debemos ocuparnos de nuestros quehaceres sin llenarnos de ansiedad por nuestra subsistencia. La razón por la cual a uno le cuesta tanto dar es la ansiedad, pues debido a ésta uno se apega a los bienes materiales. Si no tuviésemos ansiedad, no nos preocuparíamos por lo material, sino que lo compartiríamos con los demás. Es nuestra ansiedad lo que nos da problemas.

En algunos años, muchos de nuestros jóvenes tendrán títulos académicos. Creo que por la bendición providencial del Señor, tendremos muchos ingresos. Cuando esto suceda, espero que recuerden que estudiaron no por causa de su ansiedad sino porque era su deber. Por consiguiente, las riquezas que obtengan no las deben usar para ocuparse de su ansiedad sino para cumplir sus deberes. Nuestro deber es dar y acumular tesoros en losl cielos. No anhele ser millonario ni trate de acumular enormes cantidades de dinero. Transfiera su tesoro a los cielos, pues así será un millonario en los cielos, y no en la tierra ... Sea un buen dador según la vida y la naturaleza de su Padre celestial. (*Life-study of Matthew* [Estudio-vida de Mateo], págs. 271, 273, 275-279)

Lectura adicional: Life-study of Matthew, mensaje 22

Iluminación e inspiración: _____

_____

_____

Alimento matutino

1 Ti. **A los ricos de este siglo manda que no sean altivos,**
6:17-19 **ni pongan la esperanza en lo inseguro de las rique-**
zas, sino en Dios, que nos provee todas las cosas
en abundancia para que las disfrutemos. Que ha-
gan bien, que sean ricos en buenas obras, que
estén prestos a repartir *sus bienes*, dispuestos a
compartir; acumulando para sí el tesoro de un
buen fundamento para lo por venir, a fin de que
echen mano de la vida que lo es de verdad.

Lectura para hoy

Desde que el hombre produjo una barrera entre El y Dios,
por haber caído y por haber abandonado la posición desde la
cual Dios era su todo, los bienes materiales llegaron a ser
críticos para la vida del hombre caído. En dicha condición, el
hombre cayó en las tinieblas en las que sólo está consciente de
lo material y no de Dios, en las que sólo confía en los bienes
materiales y no en Dios, y en las que sólo sirve a lo material y
no a Dios. Esto conduce a que las riquezas tomen el lugar que
corresponde a Dios. Satanás el enemigo de Dios se aprovechó
de la condición caída del hombre para engañarlo conduciéndolo
a adorar ídolos, tales como el dios de la opulencia, para obtener
riquezas. Al ocultarse tras los ídolos, el diablo roba la adoración
y el servicio del hombre, los cuales pertenecen a Dios. Por eso,
el Señor Jesús nos dice que nadie puede servir a Dios y a las
riquezas (Mt. 6:24). Literalmente, este servicio es el de un
esclavo ... Esto indica que Satanás, por un lado, utiliza las
riquezas materiales para inducir al hombre a adorarlo y, por
otro, esclaviza el hombre a los bienes materiales y a la avaricia.
Sin embargo, nosotros recibimos la misericordia de Dios y la
salvación, la cual nos libró de la autoridad de Satanás y nos
condujo a Dios (Hch. 26:18). Después de recibir la salvación,
somos confrontados con nuestra subsistencia, y nos pregunta-
mos qué hemos de hacer con respecto a las riquezas que

Satanás usaba para engañarnos a nosotros y a todo el mundo
... ¿Hemos de seguir siendo los mismos y seguir viviendo como
lo hacíamos antes de ser salvos? O debemos cambiar con
respecto a nuestros bienes materiales según la salvación que
nos libró de la potestad de Satanás y nos volvió a Dios.
[En 1 Timoteo 6:17] se presenta la estrategia que usa
Satanás para engañar al hombre, pues nos muestra que todo
lo material y todo el placer que hay en nuestra vida proviene
aparentemente de las riquezas inseguras, pero en realidad
proceden de Dios y nos son suministradas por la enorme
generosidad de Dios. Así que no debemos fijar nuestras espe-
ranzas en las riquezas engañosas e inseguras, sino en el Dios
que nos da todas las cosas abundantemente para nuestro
deleite.

Debemos ser diligentes en lo que emprendemos, pues la
Biblia también afirma que debemos ocuparnos en obras dignas
para los casos de necesidad (Tit. 3:14, 8). Sin embargo, sin la
bendición de Dios, toda nuestra labor, nuestros esfuerzos y todo
lo que tan diligentemente emprendemos producirán muy poco.
Por eso, en cuanto a la provisión material, debemos aprender
a poner nuestra esperanza en Dios, y no en nuestra habilidad
como lo hace la gente del mundo.

[En 1 Timoteo 6:17-19] se presenta la amonestación del
apóstol, que no es otra cosa que el mandato del Señor para
nosotros. Los ricos son aquellos a quienes les sobra de lo que
ganan después de suplir sus necesidades. Hacer el bien y ser
rico en buenas obras significa estar dispuesto a distribuir. Esto
también es acumular tesoros en los cielos y poner un cimiento
firme para el futuro. Si uno hace esto, podrá asirse de la vida
verdadera, la vida eterna de Dios, poseerla, utilizarla y disfru-
tarla. Retener lo que le sobra a uno de sus ingresos en la tierra
es asirse de la vida natural y vivir por ella; pero depositar
nuestros ahorros en los cielos e invertirlos en Dios, es asirnos
de la vida eterna de Dios y valernos de ella. (*Lecciones de vida,*
págs. 179-181)

Lectura adicional: Lecciones de vida, lección 24

Iluminación e inspiración: _____
_____
_____

Alimento matutino

1 Co.   En cuanto a la colecta para los santos, haced voso-
16:1-2   tros también de la manera que ordené a las igle-
         sias de Galacia. Cada primer día de la semana
         cada uno de vosotros ponga aparte algo, según
         haya prosperado, guardándolo, para que no se
         hagan las colectas cuando yo llegue.

Lectura para hoy

La humanidad caída está bajo el dominio de las riquezas
y las posesiones materiales (Mt. 6:19-21, 24-25, 30; 19:21-
22; Lc. 12:13-19). En el día de Pentecostés, bajo el poder del
Espíritu Santo, todos los creyentes se libraron de esa es-
clavitud y entregaron sus bienes para que fueran distribui-
dos entre los necesitados (Hch. 2:44-45; 4:32, 34-37).
Debido a la debilidad de la naturaleza caída de los creyentes (véase Hch. 5:1-11; 6:1), esta práctica no duró mucho.
Ya había cesado en los días del apóstol Pablo. Así que los
creyentes necesitaban gracia para vencer el poder de las
riquezas y las posesiones y para ser librados del dominio
de Satanás a fin de ofrendar al Señor para Su propósito.
La vida de resurrección es la provisión de la cual los
creyentes se valen para vivir confiando en Dios y no en las
posesiones, mirando al futuro y no al presente, con esperanza en la era venidera y no en ésta (Lc. 12:16-21; 1 Ti.
6:17-19), venciendo la usurpación de las riquezas tempora-
les e inseguras ... Esto se relaciona con la administración
que Dios lleva a cabo entre las iglesias.
En la segunda sección de 1 Corintios, en los capítulos

del once al dieciséis, Pablo alude a temas relacionados con la administración divina. Dicha sección comienza con la autoridad de Dios y llega a su consumación con un tema aparentemente insignificante: la ofrenda de bienes materiales para los santos. Se puede determinar si uno está en la administración de Dios ... y si uno la lleva a cabo, por la manera en que uno se relaciona con lo material y en que uno administra su dinero. Si usamos el dinero de una forma mundana, no importa cuánto hablemos de la resurrección, estamos fuera de la administración de Dios. La medida hasta donde participamos en la administración divina ... la determina la manera en que nos ocupamos de nuestro dinero y de nuestras posesiones.

Si todos somos fieles y nos ocupamos de la administración de Dios al cuidar de nuestro dinero y de lo material, no habrá escasez de fondos en el recobro del Señor. Por ejemplo, podemos usar nuestro espíritu y nuestra voluntad para ahorrar algo de dinero cada semana, tal vez dos con cincuenta y darlo al Señor para Su mover en la tierra. Un día, en vez de comer en un restaurante, podemos comer algo sencillo hecho en casa, y guardar el dinero que nos ahorramos, para darlo al Señor. Imagínense cómo serían las cosas si todos fuésemos fieles en hacer algo así todas las semanas.

En un libro tan lleno de asuntos espirituales y celestiales, Pablo aborda el tema tan práctico de las finanzas. Es muy fácil hablar de la autoridad y decir: "Gloria al Señor, estoy bajo la autoridad de Cristo. El es mi Cabeza. No tengo ningún problema con Su autoridad". Sin embargo, ¿puede uno decir que no tiene problema con lo que Pablo plantea en el capítulo dieciséis? Es posible hablar de la victoria de la resurrección por encima del pecado y de la muerte, pero ¿qué podemos decir de la victoria en resurrección sobre la administración del dinero y las posesiones? ... Por esta razón, Pablo, inspirado por la sabiduría de Dios, inmediatamente después de hablar de la resurrección aborda el tema de dar. (*Life-study of First Corinthians* [Estudio-vida de 1 Corintios], págs. 625-628)

Lectura adicional: Life-study of First Corinthians, mensaje 69, págs. 625-628

Iluminación e inspiración: _____

_____

Himnos, #184

1   ¡Soy del Señor! ¡Oh qué inefable gozo!
     Es la respuesta a Su eterno amor;
     Gozosa fe le da el "Sí" oyendo:
     "No temas redimido, Tuyo soy".

2   ¡Soy del Señor! ¡Qué confesión tan dulce!
     La cual recuerda el día tan feliz
     Cuando la novia respondió: "Sí, quiero
     Obedecerte, amarte y ser de Ti".

3   ¡Soy del Señor! Mas tienes que enseñarme
     Lo que envuelve amor y lealtad,
     Santo servicio, absoluta entrega,
     Y sin reservas que te pueda honrar.

4   ¡Soy del Señor! Mi espíritu, alma y cuerpo,
     Lleven Tu sello, pues son para Ti;
     Tal como Tú, mi Amado en Tu gracia,
     Eres eternamente para mí.

Composición para profecía con un punto principal y puntos menores: _____

_____

_____

_____

_____

_____

_____

_____

_____

_____

_____

_____

_____

_____

_____

_____

_____

_____

_____

_____

_____

_____

_____

_____

_____

_____

_____

_____

_____

_____

_____

_____

_____

Plan para leer la Versión Recobro del Nuevo Testamento y las notas al pie de la página

Sem.	Domingo	Lunes	Martes	Miércoles	Jueves	Viernes	Sábado
1	☐ Mt 1:1-2	☐ 1:3-7	☐ 1:8-17	☐ 1:18-25	☐ 2:1-23	☐ 3:1-6	☐ 3:7-17
2	☐ 4:1-11	☐ 4:12-25	☐ 5:1-4	☐ 5:5-12	☐ 5:13-20	☐ 5:21-26	☐ 5:27-48
3	☐ 6:1-8	☐ 6:9-18	☐ 6:19-34	☐ 7:1-12	☐ 7:13-29	☐ 8:1-13	☐ 8:14-22
4	☐ 8:23-34	☐ 9:1-13	☐ 9:14-17	☐ 9:18-34	☐ 9:35—10:5	☐ 10:6-25	☐ 10:26-42
5	☐ 11:1-15	☐ 11:16-30	☐ 12:1-14	☐ 12:15-32	☐ 12:33-42	☐ 12:43—13:2	☐ 13:3-12
6	☐ 13:13-30	☐ 13:31-43	☐ 13:44-58	☐ 14:1-13	☐ 14:14-21	☐ 14:22-36	☐ 15:1-20
7	☐ 15:21-31	☐ 15:32-39	☐ 16:1-12	☐ 16:13-20	☐ 16:21-28	☐ 17:1-13	☐ 17:14-27
8	☐ 18:1-14	☐ 18:15-22	☐ 18:23-35	☐ 19:1-15	☐ 19:16-30	☐ 20:1-16	☐ 20:17-34
9	☐ 21:1-11	☐ 21:12-22	☐ 21:23-32	☐ 21:33-46	☐ 22:1-22	☐ 22:23-33	☐ 22:34-46
10	☐ 23:1-12	☐ 23:13-39	☐ 24:1-14	☐ 24:15-31	☐ 24:32-51	☐ 25:1-13	☐ 25:14-30
11	☐ 25:31-46	☐ 26:1-16	☐ 26:17-35	☐ 26:36-46	☐ 26:47-64	☐ 26:65-75	☐ 27:1-26
12	☐ 27:27-44	☐ 27:45-56	☐ 27:57—28:15	☐ 28:16-20	☐ Mr 1:1	☐ 1:2-6	☐ 1:7-13
13	☐ 1:14-28	☐ 1:29-45	☐ 2:1-12	☐ 2:13-28	☐ 3:1-19	☐ 3:20-35	☐ 4:1-25
14	☐ 4:26-41	☐ 5:1-20	☐ 5:21-43	☐ 6:1-29	☐ 6:30-56	☐ 7:1-23	☐ 7:24-37
15	☐ 8:1-26	☐ 8:27—9:1	☐ 9:2-29	☐ 9:30-50	☐ 10:1-16	☐ 10:17-34	☐ 10:35-52
16	☐ 11:1-16	☐ 11:17-33	☐ 12:1-27	☐ 12:28-44	☐ 13:1-13	☐ 13:14-37	☐ 14:1-26
17	☐ 14:27-52	☐ 14:53-72	☐ 15:1-15	☐ 15:16-47	☐ 16:1-8	☐ 16:9-20	☐ Lc 1:1-4
18	☐ 1:5-25	☐ 1:26-46	☐ 1:47-56	☐ 1:57-80	☐ 2:1-8	☐ 2:9-20	☐ 2:21-39
19	☐ 2:40-52	☐ 3:1-20	☐ 3:21-38	☐ 4:1-13	☐ 4:14-30	☐ 4:31-44	☐ 5:1-26
20	☐ 5:27—6:16	☐ 6:17-38	☐ 6:39-49	☐ 7:1-17	☐ 7:18-23	☐ 7:24-35	☐ 7:36-50
21	☐ 8:1-15	☐ 8:16-25	☐ 8:26-39	☐ 8:40-56	☐ 9:1-17	☐ 9:18-26	☐ 9:27-36
22	☐ 9:37-50	☐ 9:51-62	☐ 10:1-11	☐ 10:12-24	☐ 10:25-37	☐ 10:38-42	☐ 11:1-13
23	☐ 11:14-26	☐ 11:27-36	☐ 11:37-54	☐ 12:1-12	☐ 12:13-21	☐ 12:22-34	☐ 12:35-48
24	☐ 12:49-59	☐ 13:1-9	☐ 13:10-17	☐ 13:18-30	☐ 13:31—14:6	☐ 14:7-14	☐ 14:15-24
25	☐ 14:25-35	☐ 15:1-10	☐ 15:11-21	☐ 15:22-32	☐ 16:1-13	☐ 16:14-22	☐ 16:23-31
26	☐ 17:1-19	☐ 17:20-37	☐ 18:1-14	☐ 18:15-30	☐ 18:31-43	☐ 19:1-10	☐ 19:11-27

Plan para leer la Versión Recobro del Nuevo Testamento y las notas al pie de la página

Sem.	Domingo	Lunes	Martes	Miércoles	Jueves	Viernes	Sábado
27	□ Lc 19:28-48	□ 20:1-19	□ 20:20-38	□ 20:39—21:4	□ 21:5-27	□ 21:28-38	□ 22:1-20
28	□ 22:21-38	□ 22:39-54	□ 22:55-71	□ 23:1-43	□ 23:44-56	□ 24:1-12	□ 24:13-35
29	□ 24:36-53	□ Jn 1:1-13	□ 1:14-18	□ 1:19-34	□ 1:35-51	□ 2:1-11	□ 2:12-22
30	□ 2:23—3:13	□ 3:14-21	□ 3:22-36	□ 4:1-14	□ 4:15-26	□ 4:27-42	□ 4:43-54
31	□ 5:1-16	□ 5:17-30	□ 5:31-47	□ 6:1-15	□ 6:16-31	□ 6:32-51	□ 6:52-71
32	□ 7:1-9	□ 7:10-24	□ 7:25-36	□ 7:37-52	□ 7:53—8:11	□ 8:12-27	□ 8:28-44
33	□ 8:45-59	□ 9:1-13	□ 9:14-34	□ 9:35—10:9	□ 10:10-30	□ 10:31—11:4	□ 11:5-22
34	□ 11:23-40	□ 11:41-57	□ 12:1-11	□ 12:12-24	□ 12:25-36	□ 12:37-50	□ 13:1-11
35	□ 13:12-30	□ 13:31-38	□ 14:1-6	□ 14:7-20	□ 14:21-31	□ 15:1-11	□ 15:12-27
36	□ 16:1-15	□ 16:16-33	□ 17:1-5	□ 17:6-13	□ 17:14-24	□ 17:25—18:11	□ 18:12-27
37	□ 18:28-40	□ 19:1-16	□ 19:17-30	□ 19:31-42	□ 20:1-13	□ 20:14-18	□ 20:19-22
38	□ 20:23-31	□ 21:1-14	□ 21:15-22	□ 21:23-25	□ Hch 1:1-8	□ 1:9-14	□ 1:15-26
39	□ 2:1-13	□ 2:14-21	□ 2:22-36	□ 2:37-41	□ 2:42-47	□ 3:1-18	□ 3:19—4:22
40	□ 4:23-37	□ 5:1-16	□ 5:17-32	□ 5:33-42	□ 6:1—7:1	□ 7:2-29	□ 7:30-60
41	□ 8:1-13	□ 8:14-25	□ 8:26-40	□ 9:1-19	□ 9:20-43	□ 10:1-16	□ 10:17-33
42	□ 10:34-48	□ 11:1-18	□ 11:19-30	□ 12:1-25	□ 13:1-12	□ 13:13-43	□ 13:44—14:5
43	□ 14:6-28	□ 15:1-12	□ 15:13-34	□ 15:35—16:5	□ 16:6-18	□ 16:19-40	□ 17:1-18
44	□ 17:19-34	□ 18:1-17	□ 18:18-28	□ 19:1-20	□ 19:21-41	□ 20:1-12	□ 20:13-38
45	□ 21:1-14	□ 21:15-26	□ 21:27-40	□ 22:1-21	□ 22:22-29	□ 22:30—23:11	□ 23:12-15
46	□ 23:16-30	□ 23:31—24:21	□ 24:22—25:5	□ 25:6-27	□ 26:1-13	□ 26:14-32	□ 27:1-26
47	□ 27:27—28:10	□ 28:11-22	□ 28:23-31	□ Ro 1:1-2	□ 1:3-7	□ 1:8-17	□ 1:18-25
48	□ 1:26—2:10	□ 2:11-29	□ 3:1-20	□ 3:21-31	□ 4:1-12	□ 4:13-25	□ 5:1-11
49	□ 5:12-17	□ 5:18—6:5	□ 6:6-11	□ 6:12-23	□ 7:1-12	□ 7:13-25	□ 8:1-2
50	□ 8:3-6	□ 8:7-13	□ 8:14-25	□ 8:26-39	□ 9:1-18	□ 9:19—10:3	□ 10:4-15
51	□ 10:16—11:10	□ 11:11-22	□ 11:23-36	□ 12:1-3	□ 12:4-21	□ 13:1-14	□ 14:1-12
52	□ 14:13-23	□ 15:1-13	□ 15:14-33	□ 16:1-5	□ 16:6-24	□ 16:25-27	□ I Co 1:1-4

Plan para leer la Versión Recobro del Nuevo Testamento y las notas al pie de la página

Sem.	Domingo	Lunes	Martes	Miércoles	Jueves	Viernes	Sábado
53	☐ I Co 1:5-9	☐ 1:10-17	☐ 1:18-31	☐ 2:1-5	☐ 2:6-10	☐ 2:11-16	☐ 3:1-9
54	☐ 3:10-13	☐ 3:14-23	☐ 4:1-9	☐ 4:10-21	☐ 5:1-13	☐ 6:1-11	☐ 6:12-20
55	☐ 7:1-16	☐ 7:17-24	☐ 7:25-40	☐ 8:1-13	☐ 9:1-15	☐ 9:16-27	☐ 10:1-4
56	☐ 10:5-13	☐ 10:14-33	☐ 11:1-6	☐ 11:7-16	☐ 11:17-26	☐ 11:27-34	☐ 12:1-11
57	☐ 12:12-22	☐ 12:23-31	☐ 13:1-13	☐ 14:1-12	☐ 14:13-25	☐ 14:26-33	☐ 14:34-40
58	☐ 15:1-19	☐ 15:20-28	☐ 15:29-34	☐ 15:35-49	☐ 15:50-58	☐ 16:1-9	☐ 16:10-24
59	☐ II Co 1:1-4	☐ 1:5-14	☐ 1:15-22	☐ 1:23—2:11	☐ 2:12-17	☐ 3:1-6	☐ 3:7-11
60	☐ 3:12-18	☐ 4:1-6	☐ 4:7-12	☐ 4:13-18	☐ 5:1-8	☐ 5:9-15	☐ 5:16-21
61	☐ 6:1-13	☐ 6:14—7:4	☐ 7:5-16	☐ 8:1-15	☐ 8:16-24	☐ 9:1-15	☐ 10:1-6
62	☐ 10:7-18	☐ 11:1-15	☐ 11:16-33	☐ 12:1-10	☐ 12:11-21	☐ 13:1-10	☐ 13:11-14
63	☐ Gá 1:1-5	☐ 1:6-14	☐ 1:15-24	☐ 2:1-13	☐ 2:14-21	☐ 3:1-4	☐ 3:5-14
64	☐ 3:15-22	☐ 3:23-29	☐ 4:1-7	☐ 4:8-20	☐ 4:21-31	☐ 5:1-12	☐ 5:13-21
65	☐ 5:22-26	☐ 6:1-10	☐ 6:11-15	☐ 6:16-18	☐ Ef 1:1-3	☐ 1:4-6	☐ 1:7-10
66	☐ 1:11-14	☐ 1:15-18	☐ 1:19-23	☐ 2:1-5	☐ 2:6-10	☐ 2:11-14	☐ 2:15-18
67	☐ 2:19-22	☐ 3:1-7	☐ 3:8-13	☐ 3:14-18	☐ 3:19-21	☐ 4:1-4	☐ 4:5-10
68	☐ 4:11-16	☐ 4:17-24	☐ 4:25-32	☐ 5:1-10	☐ 5:11-21	☐ 5:22-26	☐ 5:27-33
69	☐ 6:1-9	☐ 6:10-14	☐ 6:15-18	☐ 6:19-24	☐ Fil 1:1-7	☐ 1:8-18	☐ 1:19-26
70	☐ 1:27—2:4	☐ 2:5-11	☐ 2:12-16	☐ 2:17-30	☐ 3:1-6	☐ 3:7-11	☐ 3:12-16
71	☐ 3:17-21	☐ 4:1-9	☐ 4:10-23	☐ Col 1:1-8	☐ 1:9-13	☐ 1:14-23	☐ 1:24-29
72	☐ 2:1-7	☐ 2:8-15	☐ 2:16-23	☐ 3:1-4	☐ 3:5-15	☐ 3:16-25	☐ 4:1-18
73	☐ I Ts 1:1-3	☐ 1:4-10	☐ 2:1-12	☐ 2:13—3:5	☐ 3:6-13	☐ 4:1-10	☐ 4:11—5:11
74	☐ 5:12-28	☐ II Ts 1:1-12	☐ 2:1-17	☐ 3:1-18	☐ I Ti 1:1-2	☐ 1:3-4	☐ 1:5-14
75	☐ 1:15-20	☐ 2:1-7	☐ 2:8-15	☐ 3:1-13	☐ 3:14—4:5	☐ 4:6-16	☐ 5:1-25
76	☐ 6:1-10	☐ 6:11-21	☐ II Ti 1:1-10	☐ 1:11-18	☐ 2:1-15	☐ 2:16-26	☐ 3:1-13
77	☐ 3:14—4:8	☐ 4:9-22	☐ Tit 1:1-4	☐ 1:5-16	☐ 2:1-15	☐ 3:1-8	☐ 3:9-15
78	☐ Flm 1:1-11	☐ 1:12-25	☐ He 1:1-2	☐ 1:3-5	☐ 1:6-14	☐ 2:1-9	☐ 2:10-18

Plan para leer la Versión Recobro del Nuevo Testamento y las notas al pie de la página

Sem.	Domingo	Lunes	Martes	Miércoles	Jueves	Viernes	Sábado
79	He 3:1-6 ☐	3:7-19 ☐	4:1-9 ☐	4:10-13 ☐	4:14-16 ☐	5:1-10 ☐	5:11—6:3 ☐
80	6:4-8 ☐	6:9-20 ☐	7:1-10 ☐	7:11-28 ☐	8:1-6 ☐	8:7-13 ☐	9:1-4 ☐
81	9:5-14 ☐	9:15-28 ☐	10:1-18 ☐	10:19-28 ☐	10:29-39 ☐	11:1-6 ☐	11:7-19 ☐
82	11:20-31 ☐	11:32-40 ☐	12:1-2 ☐	12:3-13 ☐	12:14-17 ☐	12:18-26 ☐	12:27-29 ☐
83	13:1-7 ☐	13:8-12 ☐	13:13-15 ☐	13:16-25 ☐	Jac 1:1-8 ☐	1:9-18 ☐	1:19-27 ☐
84	2:1-13 ☐	2:14-26 ☐	3:1-18 ☐	4:1-10 ☐	4:11-17 ☐	5:1-12 ☐	5:13-20 ☐
85	1 P 1:1-2 ☐	1:3-4 ☐	1:5 ☐	1:6-9 ☐	1:10-12 ☐	1:13-17 ☐	1:18-25 ☐
86	2:1-3 ☐	2:4-8 ☐	2:9-17 ☐	2:18-25 ☐	3:1-13 ☐	3:14-22 ☐	4:1-6 ☐
87	4:7-16 ☐	4:17-19 ☐	5:1-4 ☐	5:5-9 ☐	5:10-14 ☐	II P 1:1-2 ☐	1:3-4 ☐
88	1:5-8 ☐	1:9-11 ☐	1:12-18 ☐	1:19-21 ☐	2:1-3 ☐	2:4-11 ☐	2:12-22 ☐
89	3:1-6 ☐	3:7-9 ☐	3:10-12 ☐	3:13-15 ☐	3:16 ☐	3:17-18 ☐	I Jn 1:1-2 ☐
90	1:3-4 ☐	1:5 ☐	1:6 ☐	1:7 ☐	1:8-10 ☐	2:1-2 ☐	2:3-11 ☐
91	2:12-14 ☐	2:15-19 ☐	2:20-23 ☐	2:24-27 ☐	2:28-29 ☐	3:1-5 ☐	3:6-10 ☐
92	3:11-18 ☐	3:19-24 ☐	4:1-6 ☐	4:7-11 ☐	4:12-15 ☐	4:16—5:3 ☐	5:4-13 ☐
93	5:14-17 ☐	5:18-21 ☐	II Jn 1:1-3 ☐	1:4-9 ☐	1:10-13 ☐	III Jn 1:1-6 ☐	1:7-14 ☐
94	Jud 1:1-4 ☐	1:5-10 ☐	1:11-19 ☐	1:20-25 ☐	Ap 1:1-3 ☐	1:4-6 ☐	1:7-11 ☐
95	1:12-13 ☐	1:14-16 ☐	1:17-20 ☐	2:1-6 ☐	2:7 ☐	2:8-9 ☐	2:10-11 ☐
96	2:12-14 ☐	2:15-17 ☐	2:18-23 ☐	2:24-29 ☐	3:1-3 ☐	3:4-6 ☐	3:7-9 ☐
97	3:10-13 ☐	3:14-18 ☐	3:19-22 ☐	4:1-5 ☐	4:6-7 ☐	4:8-11 ☐	5:1-6 ☐
98	5:7-14 ☐	6:1-8 ☐	6:9-17 ☐	7:1-8 ☐	7:9-17 ☐	8:1-6 ☐	8:7-12 ☐
99	8:13—9:11 ☐	9:12-21 ☐	10:1-4 ☐	10:5-11 ☐	11:1-4 ☐	11:5-14 ☐	11:15-19 ☐
100	12:1-4 ☐	12:5-9 ☐	12:10-18 ☐	13:1-10 ☐	13:11-18 ☐	14:1-5 ☐	14:6-12 ☐
101	14:13-20 ☐	15:1-8 ☐	16:1-12 ☐	16:13-21 ☐	17:1-6 ☐	17:7-18 ☐	18:1-8 ☐
102	18:9—19:4 ☐	19:5-10 ☐	19:11-16 ☐	19:17-21 ☐	20:1-6 ☐	20:7-10 ☐	20:11-15 ☐
103	21:1 ☐	21:2 ☐	21:3-8 ☐	21:9-13 ☐	21:14-18 ☐	21:19-21 ☐	21:22-27 ☐
104	22:1 ☐	22:2 ☐	22:3-11 ☐	22:12-15 ☐	22:16-17 ☐	22:18-21 ☐	

Semana 1 — Día 2   Versículos para hoy

Lc. ¡Cuán difícil les es entrar en el
18:24 reino de Dios a los que tienen
b riquezas!
25 Porque más fácil le es a un camello
pasar por el ojo de una aguja, que a
un rico entrar en el reino de Dios.

Semana 1 — Día 1   Versículos para hoy

1 Ts. Porque ellos mismos cuentan de
1:9 vosotros cómo fue nuestra entrada
entre vosotros, y cómo os volvisteis
de los ídolos a Dios, para servir al
Dios vivo y verdadero.
Mt. Bienaventurados los pobres en es-
5:3 píritu, porque de ellos es el reino de
los cielos.

Fecha

Fecha

Semana 1 — Día 4   Versículos para hoy

Hch. Y vendían sus propiedades y sus
2:45 bienes, y lo repartían a todos según
la necesidad de cada uno.
2 Co. Como está escrito: "Al que recogió
8:15 mucho, no le sobró, y al que poco,
no le faltó".

Semana 1 — Día 3   Versículos para hoy

Lc. Entonces Zaqueo, puesto en pie,
19:8 dijo al Señor: He aquí, Señor, la
mitad de mis bienes doy a los pobres; y si en algo he defraudado a
alguno, se lo devuelvo cuadruplica-
do.
Fil. Y sabéis también vosotros, oh fili-
4:15 penses, que al comienzo del evangelio, cuando partí de Macedonia,
ninguna iglesia participó conmigo
en razón de dar y recibir, sino vosotros solos.
17 No es que busque dádivas, sino que
busco fruto que aumente en vuestra
cuenta.

Fecha

Fecha

Semana 1 — Día 6   Versículos para hoy

Mt. Entonces les dijo: Devolved, pues, a
22:21b César lo que es de César, y a Dios lo
que es de Dios.
1 Ti. Porque raíz de todos los males es el
6:10 amor al dinero, el cual persiguiendo
algunos, se extraviaron de la fe, y
fueron traspasados de muchos dolores.

Semana 1 — Día 5   Versículos para hoy

Ex. Y Jehová dio gracia al pueblo delan-
12:36 te de los egipcios, y les dieron cuanto pedían; así despojaron a los
egipcios.
Col. Haced morir, pues, vuestros miem-
3:5 bros terrenales: fornicación, impureza, pasiones, malos deseos y
avaricia, que es idolatría;

Fecha

Fecha

Semana 2 — Día 2   Versículos para hoy

Mt. Porque donde esté tu tesoro, allí
6:21 estará también tu corazón.
31 No os preocupéis, pues, diciendo: ¿Qué comeremos? o ¿qué beberemos? o ¿con qué nos vestiremos?
32 Porque los gentiles buscan con afán todas estas cosas. Vuestro Padre celestial sabe que tenéis necesidad de todas estas cosas.
33 Mas buscad primeramente Su reino y Su justicia, y todas estas cosas os serán añadidas.

_____
Fecha

Semana 2 — Día 1   Versículos para hoy

Mt. Nadie puede servir a dos señores;
6:24 porque o aborrecerá al uno y amará al otro, o será fiel al uno y menospreciará al otro. No podéis servir a Dios y a las riquezas.

_____
Fecha

Semana 2 — Día 4   Versículos para hoy

Hch. En todo os he dado ejemplo, mos-
20:35 trándoos cómo, trabajando así, se debe sostener a los débiles, y recordar las palabras del Señor Jesús, que dijo: Más bienaventurado es dar que recibir.

_____
Fecha

Semana 2 — Día 3   Versículos para hoy

1 Co. En cuanto a la colecta para los san-
16:1 tos, haced vosotros también de la manera que ordené a las iglesias de Galacia.
2 Cada primer día de la semana cada uno de vosotros ponga aparte algo, según haya prosperado, guardándolo, para que no se hagan las colectas cuando yo llegue.
Lc. Dad, y se os dará; medida buena,
6:38 apretada, remecida y rebosando darán en vuestro regazo; porque con la misma medida con que medís, se os volverá a medir.

_____
Fecha

Semana 2 — Día 6   Versículos para hoy

Mt. Guardaos de hacer vuestra justicia
6:1-4 delante de los hombres, para ser vistos por ellos; de otra manera no tendréis recompensa ante vuestro Padre que está en los cielos. Cuando, pues, des limosna, no toques trompeta delante de ti, como hacen los hipócritas en las sinagogas y en las calles, para ser alabados por los hombres; de cierto os digo que ya tienen toda su recompensa. Mas cuando tú des limosna, no sepa tu izquierda lo que hace tu derecha, para que sea tu limosna en secreto; y tu Padre, que ve en lo secreto, te recompensará.

_____
Fecha

Semana 2 — Día 5   Versículos para hoy

Fil. No es que busque dádivas, sino que
4:17 busco fruto que aumente en vuestra cuenta.
18 Pero todo lo he recibido, y tengo abundancia; estoy lleno, habiendo recibido de Epafrodito lo que enviasteis; olor fragante, sacrificio acepto, agradable a Dios.
19 Mi Dios, pues, suplirá todo lo que os falta conforme a Sus riquezas en gloria en Cristo Jesús.

_____
Fecha

Semana 3 — Día 2 Versículos para hoy	Semana 3 — Día 1 Versículos para hoy

2 Co. Porque si estamos locos, es para
5:13 Dios; y si somos cuerdos, es para
vosotros.

Fil. Pero todo lo he recibido, y tengo
4:18 abundancia; estoy lleno, habiendo
recibido de Epafrodito lo que enviasteis; olor fragante, sacrificio
acepto, agradable a Dios.

_____   _____
Fecha   *Fecha*

Semana 3 — Día 4   Versículos para hoy   **Semana 3 — Día 3   Versículos para hoy**

Ro. Así que, hermanos, os exhorto por
12:1 las compasiones de Dios, que presentéis vuestros cuerpos en sacrificio vivo, santo, agradable a Dios,
que es vuestro servicio racional.
2 No os amoldéis a este siglo, sino
transformaos por medio de la reno-
vación de vuestra mente, para que
comprobéis cuál sea la voluntad de
Dios: lo bueno, lo agradable y lo
perfecto.

Mal. Traed todos los diezmos al alfolí y
3:10 haya alimento en mi casa; y probadme ahora en esto, dice Jehová de los
ejércitos, si no os abriré las ventanas
de los cielos, y derramaré sobre vosotros bendición hasta que sobreabunde.

He. Así que, ofrezcamos siempre a
13:15 Dios, por medio de El, sacrificio de
alabanza, es decir, fruto de labios
que confiesan Su nombre.
16 Y de hacer bien y de la ayuda *mutua*
no os olvidéis; porque de tales sacrificios se agrada Dios.

_____   _____
Fecha   *Fecha*

Semana 3 — Día 6   Versículos para hoy   **Semana 3 — Día 5   Versículos para hoy**

2 Co. Y por todos murió, para que los que
5:15 viven, ya no vivan para sí, sino para
Aquel que murió por ellos y fue
resucitado.
Mt. ¿Quién es, pues, el esclavo fiel y
24:45 prudente, al cual puso su señor sobre su casa para que les dé el alimento a su debido tiempo?
46 Bienaventurado aquel esclavo al
cual, cuando su señor venga, le ha-
lle haciendo así.

Ro. Porque ninguno de nosotros vive
14:7 para sí, y ninguno muere para sí.
8 Pues si vivimos, para el Señor vivimos; y si morimos, para el Señor
morimos. Así pues, sea que vivamos, o que muramos, del Señor somos.
9 Porque Cristo para esto murió y *volvió a* vivir, para ser Señor así de los
muertos como de los que viven.

_____   _____
Fecha   *Fecha*

Semana 4 — Día 2   Versículos para hoy

2 Co. Como entristecidos, mas siempre
6:10 gozosos; como pobres, mas enriqueciendo a muchos; como no te-
niendo nada, mas poseyéndolo
todo.
Fil. Sé estar humillado, y sé tener abun-
4:12 dancia; en todas las cosas y en todo
he aprendido el secreto, así a estar
saciado como a tener hambre, así a
tener abundancia como a padecer
necesidad.

Fecha

Semana 4 — Día 1   Versículos para hoy

Is. Después oí la voz del Señor, que
6:8 decía: ¿A quién enviaré, y quién irá
por nosotros Entonces respondí yo:
Heme aquí envíame a mí.
Dn. El pueblo que conoce a su Dios se
11:32b esforzará y actuará.

Fecha

Semana 4 — Día 4   Versículos para hoy

Hch. Todos los que habían creído estaban
2:44 juntos, y tenían en común todas las
cosas.
4:32 Y la multitud de los que habían creído era de un corazón y un alma; y
ninguno decía ser suyo propio nada
de lo que poseía, sino que tenían
todas las cosas en común.

Fecha

Semana 4 — Día 3   Versículos para hoy

2 Co. Sino de que en este tiempo, con
8:14 igualdad, la abundancia vuestra supla la escasez de ellos, para que
también la abundancia de ellos supla la escasez vuestra, para que
haya igualdad,
15 como está escrito: "Al que recogió
mucho, no le sobró, y al que poco,
no le faltó".

Fecha

Semana 4 — Día 6   Versículos para hoy

1 Co. Cada primer día de la semana cada
16:2 uno de vosotros ponga aparte algo,
según haya prosperado, guardándolo, para que no se hagan las colectas
cuando yo llegue.

Fecha

Semana 4 — Día 5   Versículos para hoy

Fil. Y sabéis también vosotros, oh fili-
4:15 penses, que al comienzo del evangelio, cuando partí de Macedonia,
ninguna iglesia participó conmigo
en razón de dar y recibir, sino vosotros solos;
16 pues aun a Tesalónica me enviasteis
una y otra vez para mis necesidades.
19 Mi Dios, pues, suplirá todo lo que
os falta conforme a Sus riquezas en
gloria en Cristo Jesús.

Fecha

Semana 5 — Día 2   Versículos para hoy

2 Co. Pero *considerad* esto: El que siem-
9:6 bra escasamente, también segará
escasamente; y el que siembra con
bendiciones, con bendiciones también segará.

7 Cada uno *dé* como propuso en su
corazón: no con tristeza, ni por necesidad, porque Dios ama al dador
alegre.

Pr. Hay quienes reparten, y les es aña-
11:24 dido más; y hay quienes retienen
más de lo que es justo, pero vienen
a pobreza.

Fecha _____

Semana 5— Día 1   Versículos para hoy

2 Co. Por tanto, como en todo abundáis,
8:7 en fe, en palabra, en conocimiento,
en toda solicitud, y en el amor que
está en vosotros *el cual recibisteis*
de nosotros, abundad también en
esta gracia.

13- Porque no *se trata de* que para otros
15 *haya* alivio, *y* para vosotros aflicción, sino *de* que en este tiempo,
con igualdad, la abundancia vuestra supla la escasez de ellos, para
que también la abundancia de ellos
supla la escasez vuestra, para que
haya igualdad, como está escrito:
"Al que *recogió* mucho, no le sobró,
y al que poco, no le faltó".

Fecha _____

Semana 5 — Día 4   Versículos para hoy

Mt. 6: No acumuléis para vosotros tesoros
19-21 en la tierra, donde la polilla y el orín
corroen, y donde ladrones horadan y
hurtan; sino acumulad para vosotros
tesoros en los cielos ... Porque donde
esté tu tesoro, allí estará también tu
corazón.

31-33 No os preocupéis, pues, diciendo:
¿Qué comeremos? o ¿qué beberemos? o ¿con qué nos vestiremos? Porque los gentiles buscan con afán todas
estas cosas. Vuestro Padre celestial
sabe que tenéis necesidad de todas
estas cosas. Mas buscad primeramente Su reino y Su justicia, y todas estas
cosas os serán añadidas.

Fecha _____

Semana 5 — Día 3   Versículos para hoy

2 Co. Y el que liberalmente provee de
9:10 semilla al que siembra, y de pan al
que come, proveerá y multiplicará
vuestra sementera, y aumentará los
frutos de vuestra justicia.

11 En todo sois enriquecidos para toda
liberalidad, la cual produce por medio de nosotros acción de gracias a
Dios.

Fecha _____

Semana 5 — Día 6   Versículos para hoy

1 Co. En cuanto a la colecta para los san-
16:1 tos, haced vosotros también de la
manera que ordené a las iglesias de
Galacia.

2 Cada primer día de la semana cada
uno de vosotros ponga aparte algo,
según haya prosperado, guardándolo, para que no se hagan las colectas
cuando yo llegue.

Fecha _____

Semana 5 — Día 5   Versículos para hoy

1 Ti. A los ricos de este siglo manda que
6:17 no sean altivos, ni pongan la esperanza en lo inseguro de las riquezas,
sino en Dios, que nos provee todas
las cosas en abundancia para que
las disfrutemos.

18 Que hagan bien, que sean ricos en
buenas obras, que estén prestos a
repartir *sus bienes*, dispuestos a
compartir;

19 acumulando para sí el tesoro de un
buen fundamento para lo por venir,
a fin de que echen mano de la vida
que lo es de verdad.

Fecha _____